企业避税战略风格形成动因及其经济后果研究

钟海燕　李　倩/著

本书受国家自然科学基金项目“企业避税战略风格形成动因及经济后果研究”（71402082）资助

科 学 出 版 社

北　京

内 容 简 介

本书系统介绍了企业避税理论，并从企业避税的度量、动机、方式、影响因素和经济后果五个方面对已有相关文献进行了梳理和评价。在此基础上，首先，从公司治理角度考察产品市场竞争、控股股东卷入程度对企业避税战略风格的影响，以探究上市公司避税战略风格形成的外在和内在动因；其次，从资本结构、现金持有、公司投资和薪酬激励决策等方面检验企业避税战略风格对公司财务政策选择的影响，以明确企业避税战略风格的经济后果；最后，从公司内部制度安排和外部税收监管两个方面提出系统的政策建议，为规范我国上市公司避税行为乃至促进资本市场持续发展提供支持。

本书理论联系实践，具有较高的理论价值和实践意义。既可以供学术研究机构、企业高管、税务监管部门阅读参考，也可以供财务会计专业学生学习参考。

图书在版编目（CIP）数据

企业避税战略风格形成动因及其经济后果研究/钟海燕，李倩著. —北京：科学出版社，2018.1

ISBN 978-7-03-054188-8

Ⅰ. ①企…　Ⅱ. ①钟…　②李…　Ⅲ. ①企业–避税–研究–中国　Ⅳ. ①F812.423

中国版本图书馆 CIP 数据核字（2017）第 200822 号

责任编辑：邓　娴 / 责任校对：王晓茜
责任印制：吴兆东 / 封面设计：无极书装

科 学 出 版 社 出版
北京东黄城根北街 16 号
邮政编码：100717
http：//www.sciencep.com

北京京华虎彩印刷有限公司印刷
科学出版社发行　各地新华书店经销
*
2018 年 1 月第　一　版　开本：720×1000　B5
2018 年 1 月第一次印刷　印张：7 1/2
字数：120 000

定价：56.00 元

（如有印装质量问题，我社负责调换）

作 者 简 介

钟海燕，管理学博士，三峡大学经济与管理学院副教授，博士生导师。现主要从事公司财务与公司治理方向的教学与研究工作。在《管理世界》《中国管理科学》《经济与管理研究》《山西财经大学学报》等刊物上发表论文二十余篇，主持国家自然科学基金、湖北省教育厅等课题。

李倩，三峡大学经济与管理学院硕士研究生，研究方向为财务会计。在《会计之友》上发表论文一篇。

前　言

企业避税产生的现金节余可以看作从税务机关转移到企业的一部分现金流，它增加了企业预期的未来现金流量（Lambert et al.，2007），并且，对于那些具有良好投资机会而现金流短缺的企业来说，企业避税产生的现金节余可以用到能给企业带来正净现值的投资项目中，从而能进一步增加企业预期的未来现金流量。然而，新近从委托代理框架出发，研究企业避税行为的文献却发现，企业避税也并不一定会增加企业预期的未来现金流量。一方面，企业避税会引发代理问题。Desai 和 Dharmapala（2006）与 Desai 等（2007）研究发现企业避税和掏空行为是互补的，导致管理者能够通过从事避税活动向股东寻租。如果企业避税增加了管理者对企业资产的侵占，那么将降低企业预期的未来现金流量。另一方面，企业避税会加剧企业信息的不对称。企业避税行为增加了企业信息环境的不透明度（Balakrishnan et al.，2011），损害了企业会计信息质量，从而增加了企业未来现金流的不确定性。企业避税会通过代理问题和信息不对称这两个途径，降低企业预期的未来现金流量。因此，企业避税活动会直接影响投资者利益和资本市场持续发展。然而，令人遗憾的是，国内现有文献对企业避税形成动因、企业避税与财务政策选择之间关系如何等重要问题却缺乏深入研究。

基于上述事实，本书以代理理论为基础，在中国转型经济的制度背景下，深入研究我国上市公司避税战略风格形成动因及其经济后果问题，以期为规范政府行为以及上市公司避税行为，乃至促进资本市场持续发展提供支持。具体而言，本书主要开展了以下两个方面的研究工作。

第一，结合我国新兴加转轨经济的特殊治理环境，从公司治理角度考察产品市场竞争、控股股东（实际控制人）卷入程度（现金流权比例）、控制权与现金流权偏离程度（两权偏离）对企业避税战略风格的影响，以探究上市公司避税战略风格形成的外在和内在动因。研究发现：①产品市场竞争越激烈，企业避税的程度越高，企业避税战略风格越趋于激进；②终极控股股东卷入程度越低，控制权与现金流权偏离程度越高，上市公司避税战略风格越趋向于激进。

第二，以企业避税的代理理论和信息不对称理论为基础，从资本结构、现金持有、公司投资和薪酬激励决策等方面检验企业避税战略风格对公司财务政策选择的影响。研究发现：①上市公司避税战略风格与资本结构负相关，即上市公司避税战略风格越趋向于激进，资本结构越低，上市公司避税与债务融资存在着替代效应。进一步研究发现，债务资本成本对企业避税与资本结构的负向关系有显著的促进作用，即随着债务资本成本的提高，企业避税与债务融资的替代效应越强。②过度激进的企业避税战略能够显著降低企业的现金持有价值，即投资者对实施过度激进避税战略的企业的现金持有赋予较低的价值评估；进一步研究显示，其作用机制在于，实施过度激进避税战略的企业更倾向于将避税所带来的现金流耗费掉，从而导致自由现金流的过度投资更为严重。③企业避税战略风格和高管业绩-薪酬敏感性显著负相关，即避税战略风格越趋向于激进，高管业绩-薪酬敏感性越低。进一步研究发现，企业避税战略风格越趋向于激进，高管的薪酬黏性越强。

本书的创新之处主要体现在以下几个方面。

（1）从公司内外部治理角度对企业避税战略风格形成的动因进行深入研究，明确中国等新兴市场上公司治理对企业避税战略的作用机制，为研究企业避税活动提供新的视角。

（2）运用代理理论和信息不对称理论，研究企业避税战略风格对公司财务政策选择的影响，拓展企业避税和财务管理理论研究内容。现有文献已经发现企业避税活动可以通过信息不对称和代理问题两个途径影响公司财务政策选择，但其影响的内在机理在中国上市公司中却缺乏理论分析和实证研究。本书在代理理论和信息不对称理论基础上，研究企业避税战略风格对公司财务政策选择影响的内在机理以及不同企业避税战略风格对公司财务政策选择的影响是否存在差异。

作　者

2017年2月

目　录

第一章 绪 论

第一节 研究背景与问题的提出

目前，企业避税问题是一个受到全球性关注的热点问题，很多媒体报道了一些全球知名企业在各个国家的避税行为。据国外媒体报道，英国议会出台了一份调查报告，抨击谷歌有计划的逃税，并且有意撒谎误导税务当局，议会要求英国税务局调查谷歌行为是否已经违法，争论的焦点在于谷歌在英国是否经营广告业务。此前谷歌称，其英国分部不经营广告业务，交易谈判和协商环节虽然在英国进行，但是最终敲定交易的为谷歌爱尔兰公司。如果真如谷歌所说，那么谷歌公司支付的1000万英镑税款则没有问题，但如果广告业务被纳入其中，则谷歌就有逃税嫌疑。欧洲光伏制造商协会（EU ProSun）再次向欧盟委员会提出申诉，指控竞争对手中国辗转通过马来西亚等第三地将商品销往欧洲，借此规避关税。EU ProSun 主席、德国太阳能世界公司（SolarWorld）副主席 Nitzschke 表示，近 30%的中国光伏商品是通过上述方式逃避欧盟的关税措施的。据《中国青年报》报道，近日，跨国信息技术巨头“A 集团”向江苏省国税局补缴了 14 亿元税款。这是我国反避税额度最大的案件，刷新了微软公司的 8.4 亿元税款纪录。

近年来，国际避税现象愈演愈烈，不可否认的是，“在最能挣钱的地方挣钱，在税率最低的地方纳税”一直是跨国公司遵循的法则。而国家之间存在税收差异，也与该国国情和发展阶段有关。有的国家采取低税率，通常是为了鼓励外国企业前来投资，从而带动当地的经济与就业。“把 GDP（国内生产总值）留给当地，把利润全部带走”，已经成为一些跨国公司的惯例，他们利用各国税法差异，通过高进低出关联交易等方式转移利润，扰乱了国际市场秩序，严重损害了发展中国家税收主权，使贫富差距进一步拉大。这已经引起了发展中国家的高度警觉。2014 年 11 月 16 日，G20 领导人第九次峰会在澳大利亚举行，中国国家主席习近平表示，加强全球税收合作，打击国际逃避税，帮助发展中国家和低收入国家提高税收征管能力。这是我国最高领导人首次在国际重大政治场合就税收问题发表重要意见。

企业避税导致了税收流失，各类税收行为主体采取各种手段，违反现行税法将国家税据为己有，导致实际入库的税收收入少于按照税法规定的标准计算的应征税额的现象和行为。其特征可以归纳为四个方面：首先，税收流失是税收的一种异化物，是寄生在税收肌体上的一种“毒瘤”。从表面看，税收流失是国家税收的个人化或部门化，是国家、集体和个人之间利益分割问题，但其本质是行为主体对国家法律的亵渎，离开了“非法”这个前提，税收流失也就失去了存在的基础。探讨税收流失只能在国家税收法律的框架下进行，人为泛化税收流失的范围，只能造成思维的混乱。其次，税收流失是一个多因素综合作用的结果。考察税收流失的范围不能仅限于纳税主体的原因，而应贯穿于税收征收管理的全过程以及可能导致税收流失所有行为主体，包括纳税人、扣缴义务人、税务部门以及可以影响税收政策的各级政府部门。这是因为税收从其形成到最终征收进入国家金库，要经过纳税主体和征税主体等不同的环节，在每一道环节都存在税收流失的可能。如果我们把纳税主体以外的其他税收流失因素排除在外，来简单地定义税收流失，以偏概全地理解税收流失，同样不能揭示现象的本质。再次，判断是否是税收流失以及流失的多少的标准应是现行税法规定标准，包括征税范围、税率、计征方法等。也就是说，税收是否流失，流失的多少最终取决于法定的应征税源的大小。最后，行为主体将国家税收据为己有，使国家和公众的利益蒙受损失，必然要受到法律制裁和社会道德的谴责。为了降低受处罚的风险，减少由于非法占有国家税款而增加的经济和心理负担，行为主体往往将自己的违法行为竭力掩饰、隐匿，甚至通过贿赂执法人员来逃避打击，致使税收流失现象更加复杂和隐蔽。

而税收既是国家财政收入的主要来源，也是国家调控经济的重要方式，在优化资源配置和促进经济增长方面发挥着越来越重要的作用。从国家角度来看，税收是国家分享企业财富的重要形式。从企业角度来看，利用财务或经营活动从事企业避税活动是企业增加税后收益的必然选择。企业避税的最直接结果是减少了国家财政收入，增加了企业税后利润，导致部分财富从国家转移到企业中。那么，企业避税活动增加的税后利润是否促进了企业的可持续发展，带动实体经济的增长呢？尽管企业通过避税活动减少了税负，增加了税后利润，从而有利于提升企业价值。然而，新近根据委托代理框架研究企业避税的文献却发现，企业避税活动并不一定会提升企业价值（Desai and Dharmapala，2009；Hanlon and Slemrod，2009）。企业避税活动不仅会引发代理问题，加剧企业信息的不对称，而且会直接影响投资者利益和资本市场持续发展，已成为全球公司治理乃至资本市场研究中的一个十分重要的问题。为此，学者从企业避税的计量、动机、方式、影响因素和经济后果等方面展开了深入研究。尽管成果丰硕，但这些研究大多存在一个共同问题，就是把企业避税活动视为同质的，忽视了企业避税战略风格形式的差异性，则无法全面深入地窥视企业避税活动形成的动因及其经济后果。然而，Lisowsky 等（2012）率先提出了企业避税战略风格差异理论，他们根据企业避税战略风格激进程度的强弱，对企业避税活动进行了排序，认为从最保守到最为激进的企业避税战略风格指标依次是现金有效税率、账面税收差异、永久性账面税收差异、可操纵永久性账面税收差异和税收庇护（tax sheltering）。Goh 等（2013a）认为企业避税战略风格（激进与保守）的代理问题不同，因此，企业避税战略风格（激进或保守）对企业价值的影响也有所不同。不仅如此，企业避税的激进性对公司财务与会计行为的影响也吸引了越来越多的关注（Lisowsky et al.，2010；Lennox et al.，2012；Goh et al.，2013b）。这些研究成果表明企业避税战略风格形式可能会对公司财务与会计行为产生影响，但现有企业避税研究忽视了这一点。

2007 年 3 月 16 日，《中华人民共和国企业所得税法》（以下简称“新税法”）由第十届全国人民代表大会第五次会议审议通过，并于 2008 年 1 月 1 日起正式施行。根据“新税法”的规定，原先税率为 33%的公司，税制改革后的税率将降低到 25%；而原先税率为 15%的公司将逐渐提高到 25%。所得税改革为国内学者考察转轨经济时期企业避税行为成因及其经济后果提供了天然的场景。我国学者在沿袭国外研究思路基础上，结合我国特殊制度背景对企业避税活动进行了创新研究，在上市公司避税影响因素以及经济后果等方面取得了一定的成果（郑红霞和韩梅芳，2008；刘华等，2010；张天敏，2012；陈冬和唐建新，2012a；罗党论和魏翥，2012；李维安和徐业坤，2013；孙刚等，2013；刘行和叶康涛，2013）。然而，国内研究主要集中在企业避税影响因素和对企业价值的影响上，对企业避税形成动因、企业避税与财务政策选择之间关系等重要问题却缺乏深入研究。更为重要的是，国内研究同样忽视了企业避税战略风格形式的差异性，也就无法深入研究企业避税行为成因及其经济后果。

一方面，我国转轨经济治理环境中制度特殊性在于产品市场竞争机制的逐步形成使上市公司面临的环境发生了变化。处于竞争激烈行业的公司往往盈利微薄，其风险缓冲能力相对较小。相反，处于垄断性行业的公司，往往能够获取超额利润，因而其具有较强的风险缓冲能力。因此，当公司在遭遇意外的需求下降或者整体经济下行的风险时，与垄断性行业的公司相比，竞争性行业将更有动力选择较为激进的企业避税活动，以应对盈利能力下滑和风险缓冲问题，从而保证公司的正常运转，实现企业短期价值最大化。

所以，本书的研究主题之一是结合我国的产品市场竞争环境，尝试从产品市场竞争强度和产品市场竞争战略两个维度，检验了产品市场竞争对企业避税战略风格的影响，试图发现产品市场竞争是否以及如何影响企业避税活动的经验证据，为理解上市公司避税战略风格形成的外在动因提供了一个新的视角。

另一方面，我国转轨经济治理环境中制度特殊性在于上市公司普遍存在“一股独大”现象，股权结构高度集中，上市公司终极控股股东可以通过金字塔结构、交叉持股等方式使公司控制权和现金流权产生严重偏离（La Porta et al.，1999），从而使其可以以少于控制权的现金流权获得更多的利益，进而导致控股股东与小股东之间经常出现严重的利益冲突。即使在股权分置改革完成以后，终极控制人的两权分离状态依然存在。在这种情况下，控股股东（实际控制人）控制了公司治理与公司管理的主要方面（唐跃军和谢仍明，2006），企业避税战略风格是激进还是保守，就会受到控股股东和小股东之间代理冲突的重要影响。控股股东卷入程度（现金流权比例）越低，控制权和现金流权偏离程度越大，拥有控制权优势的控股股东所承受的成本与所获得的收益就越不对称，此时，控股股东可能会倾向于卷入高风险的激进的企业避税战略来获取控制权私利。相反，如果控股股东卷入程度越高，控制权和现金流权偏离程度越小，公司控股股东与外部投资者的利益将趋于一致，控股股东和小股东之间代理成本较低，控股股东就越不愿意冒风险，采用较为安全的稳健保守的企业避税战略就成为其增加企业税后利润，进而提升企业价值的必然选择。

所以，本书将结合我国新兴加转轨经济的特殊治理环境，进一步考察我国上市公司治理因素，特别是控股股东（实际控制人）卷入程度（现金流权比例）、控制权与现金流权偏离程度（两权偏离）对公司选择激进或保守的企业避税战略风格具有怎样的影响，以考察上市公司避税战略风格形成的内在动因，明确中国等新兴市场公司治理对企业避税战略的作用机制。

因此，本书的研究主题之一是，重点探讨什么因素促使公司在企业避税战略风格上趋向"激进"或"保守"，以揭示企业避税战略风格形成的内在动因。

近年来，企业避税研究领域的最新进展之一，就是将企业避税活动视为企业发展的战略引入财务学的研究范畴中。那么，企业避税战略风格（激进或保守）对公司财务政策选择有着怎样的影响？所以，本书的研究主题之二是，以企业避税的代理理论和信息不对称理论为基础，从公司投资、资本结构、现金持有和薪酬激励决策等方面检验企业避税战略风格对公司财务政策选择的影响，以揭示企业避税战略风格的经济后果。

首先，哪些因素决定了企业债务政策或资本结构选择这一问题在过去几十年间已经受到高度关注。例如，Modigliani 和 Miller（1958）认为，在完美的资本市场上，股权融资和债务融资对一个以企业价值最大化为目标的企业来说是没有差异的。但是，Myers 却发现企业债务政策或资本结构是由债务融资的成本和收益决定的，包括债务的税收优惠、财务困境成本或破产成本和债务资本成本。资本结构决策受代理成本影响的观点在公司财务领域得到了广泛认知（Grossman and Hart，1982；Harris and Raviv，1988，1991；Jensen，1986；Rajan and Winton，1995；Stulz，1988）。因此，税收和代理成本认为是影响资本结构决策非常重要的因素。这些研究说明企业避税也可能对企业资本结构决策产生影响。为此，本书首先考察企业避税战略风格对资本结构决策的影响。

其次，尽管企业可以通过避税活动来减少税款的支付，但这并不意味着企业避税活动将一定会导致企业有较高的现金持有水平。这是因为激进的企业避税战略的代理问题（Desai and Dharmapala，2006；Desai et al.，2007）和信息不对称问题（Balakrishnan et al.，2011）都较为严重，导致管理者倾向于将企业避税节约的现金流消耗掉以获取个人私利。Jensen（1986）研究发现管理者更倾向于将企业避税产生的现金流量用于能给他们带来个人私利的兴建帝国的投资中，这将导致自由现金流的过度投资非常严重。因此，实施激进避税战略企业的现金持有水平一般较低，而非效率投资行为（过度投资）较为严重。如果激进的企业避税战略确实促进了管理者自利行为，那么投资者将对实施激进避税战略企业的现金持有赋予较低的价值评估，激进的企业避税战略将会降低现金持有价值。相反，保守的企业避税战略的代理问题和信息不对称问题较轻，企业避税的正面效应处于主导地位，导致保守的企业避税战略有利于增加企业未来的现金流量，从而提高其现金持有水平。此外，投资者对实施保守避税战略企业的现金持有也会赋予较高的价值评估，从而有助于提高其现金持有价值。为此，本书将着重考察企业避税战略风格对现金持有决策和投资决策的影响。

最后，企业避税增加了公司高管的风险，薪酬契约不仅需要对公司高管的努力做出回报，还要为公司高管承担的风险提供补偿。从而，企业避税可能会破坏薪酬契约的有效性。而且，企业避税活动加剧企业信息的不对称，这导致在避税情境下会计信息不透明度增加。会计信息的不透明性增加了股东和监管者准确观察高管行为、评价其努力程度的难度，降低了会计业绩指标作为薪酬契约中业绩度量的质量。因此，股东在避税情境下无法与公司高管签订最优激励契约（Chen and Chu，2005），降低了薪酬契约的有效性。为此，本书将着重考察企业避税战略风格对高管薪酬决策的影响。

第二节　研究意义

本书从企业避税战略风格异质性角度，运用代理理论和信息不对称理论，深入研究企业避税战略风格的形成动因及其经济后果，具有如下重要理论和现实意义。

第一，将有助于深化企业避税的研究。本书在重新审视了企业避税活动中存在的代理问题的基础上，从企业避税战略风格这一新视角研究企业避税形成动因及其经济后果，突破了传统企业避税研究的分析框架，将有助于推动企业避税的研究。

第二，将有助于推动财务管理理论的发展，并为公司财务管理实践提供指导。本书考虑我国新兴加转轨经济的特殊治理环境，运用代理理论和信息不对称理论来分析企业避税战略风格对财务政策选择的影响及其经济后果，将不仅有助于推动这些理论的发展，拓宽它们的研究范围，也可以为公司财务管理实践提供指导。

第三，将有助于促进资本市场持续发展。激进的企业避税战略风格将会导致资本市场代理冲突和信息不对称严重，资源配置效率低，损害投资者利益，不利于资本市场持续发展。本书从企业避税战略风格异质性角度对企业避税的经济后果进行深入研究，将有助于治理上市公司避税行为和促进资本市场持续发展。

第三节 研究目标、研究方法与研究内容

一、研究目标

本书的主要研究目标是运用代理理论和信息不对称理论，在企业避税战略风格异质性条件下建立研究企业避税行为形成动因及经济后果的分析框架，以丰富和发展企业避税研究内容，使其具有更加坚实的微观基础和更切合实际；从公司内部制度安排和外部税收监管两方面为治理我国上市公司避税行为乃至促进资本市场持续发展提供相应的改进措施和政策建议。

二、研究方法

企业避税战略风格形成动因及其经济后果问题，是一个多学科交叉的研究课题。本书将综合运用会计学、财务管理学、信息经济学、计量经济学等多学科知识，在广泛参考国内外有关文献的基础上，力求将理论研究和实际研究、规范研究和实证研究综合运用，对企业避税战略风格形成动因及其经济后果问题进行系统的研究。

1. 理论与实际相结合

在科学研究中，理论必须与实践相结合，研究结果才具有指导意义。虽然企业避税行为有着一般性的规律，但是由于各国的制度、公司治理状况、税收监控策略及方式的不同，我国上市公司的避税行为则有其特殊性。因而企业避税行为理论研究不仅应该能够联系实践，还应该能够指导实践，对现实存在的特殊企业避税行为进行解释，对治理我国上市公司避税行为乃至促进资本市场持续发展提供相应的改进措施和政策建议。

2. 规范研究与实证研究相结合

规范研究与实证研究是公司财务管理领域广泛应用的主流研究方法。规范研究是根据一定的价值观或经济理论对经济目标、经济结果、经济决策、经济制度的合意性进行评价，它解决经济过程中“应该是怎样”的问题，旨在对各种经济问题的“好”“坏”做出判断。而实证研究是通过对研究对象大量的观察、实验和调查，获取客观材料，从个别到一般，归纳出事物的本质属性和发展规律的一种研究方法。本书对企业避税战略风格形成动因及其经济后果的研究，综合使用了这两种分析方法：一方面通过规范分析，分析企业避税战略风格形成机理与危害，另一方面基于我国上市公司财务数据，对企业避税战略风格形成动因与企业避税战略风格对公司财务决策的影响进行实证检验，以检验规范分析结论的真伪。

三、研究内容

根据国内外企业避税研究现状和我国新兴加转轨经济的特殊治理环境，本书拟回答以下问题：第一，什么因素促使公司在企业避税战略风格上趋向“激进”或“保守”？第二，企业避税战略风格（激进或保守）对公司财务政策选择有着怎样的影响？本书将对这两个问题从五个方面进行研究。

1. 企业避税战略风格形成动因的理论与实证研究

第一，产品市场竞争对企业避税战略风格影响的研究。该部分尝试从产品市场竞争强度和产品市场竞争战略两个维度，检验了产品市场竞争对企业避税战略风格的影响，试图发现产品市场竞争是否以及如何影响企业避税活动的经验证据，为理解上市公司避税战略风格形成的外在动因提供了一个新的视角。

第二，终极控股股东卷入、两权偏离对企业避税战略风格影响的研究。该部分结合我国新兴加转轨经济的特殊治理环境，采用我国上市公司数据，建立回归模型，实证检验我国上市公司治理因素，特别是控股股东（实际控制人）卷入程度（现金流权比例）、控制权与现金流权偏离程度（两权偏离）对公司选择激进或保守的企业避税战略风格具有怎样的影响，以考察上市公司避税战略风格的形成内在动因，明确中国等新兴市场公司治理对企业避税战略的作用机制。

2. 企业避税战略风格与财务政策选择的理论与实证研究

本书以企业避税的代理理论和信息不对称理论为基础，采用我国上市公司数据，建立回归模型，从资本结构、现金持有、公司投资和薪酬激励决策等方面检验企业避税战略风格对公司财务政策选择的影响。

第一，企业避税战略风格对公司资本结构决策选择影响的研究。本书以企业避税理论、代理理论、信息不对称理论和资本结构理论为基础，采用我国上市公司数据，建立回归模型，不仅检验了企业避税战略风格对公司资本结构选择的影响，还进一步检验了债务资本成本对企业避税战略风格与公司资本结构之间关系的影响。

第二，企业避税战略风格对公司现金持有和投资政策影响的研究。本书以企业避税理论、代理理论、信息不对称理论、现金持有理论和投资理论为基础，采用我国上市公司数据，建立回归模型，不仅从现金持有水平和现金持有价值两个方面检验企业避税战略风格对公司现金持有政策的影响，还进一步检验了企业避税战略风格对自由现金流的过度投资的影响。

第三，企业避税战略风格对公司薪酬契约影响的研究。本书以企业避税理论、代理理论、信息不对称理论和薪酬契约理论为基础，采用我国上市公司数据，建立回归模型，从高管薪酬业绩敏感性和薪酬黏性两个角度检验企业避税战略风格对公司高管薪酬契约的影响。

第四节　内容结构与技术路线

一、内容结构

本书的研究，共分为五章。各章内容安排如下。

第一章绪论。对国内外企业避税的现实和理论背景进行分析，提出本书的研究问题与研究意义，然后围绕企业避税战略风格形成动因及其经济后果研究的创新点和本书的研究思路进行了分析。

第二章相关理论及文献回顾。企业避税的相关理论和研究文献非常丰富，包括基于代理冲突的企业避税理论、企业避税的计量方法、企业避税的方式、影响因素、经济后果等方面的诸多理论和文献成果。为了便于梳理相关理论和文献成果，本章主要从企业避税理论介绍，企业避税的度量、动机、方式、影响因素、经济后果，文献回顾和文献总体评述三个方面展开分析。

第三章企业避税战略风格形成动因研究。本章结合我国新兴加转轨经济的特殊治理环境，对我国上市公司治理因素，特别是产品市场竞争、控股股东（实际控制人）卷入程度（现金流权比例）、控制权与现金流权偏离程度（两权偏离）与企业避税战略风格的关系进行理论分析并提出相关研究假设。然后建立相应回归模型，实证检验我国上市公司治理因素对公司选择激进或保守的企业避税战略风格具有怎样的影响，以考察上市公司避税战略风格形成的外在和内在动因，明确中国等新兴市场公司治理对企业避税战略的作用机制。

第四章企业避税战略风格的经济后果研究。本章将在企业避税代理观分析基础上，首先考察企业避税战略风格对公司资本结构决策选择影响，其次考察企业避税战略风格对公司现金持有决策和投资决策影响，最后考察企业避税战略风格对高管薪酬决策的影响。

第五章研究结论、政策建议与研究展望。本章总结了以上各章的研究结论，运用规范分析方法，从公司内部制度安排和外部税收监管两个方面提出系统的政策建议，为规范我国上市公司避税行为乃至促进资本市场持续发展提供支持，并提出后续研究方向。

二、技术路线

本书研究的技术路线如图 1.1 所示。

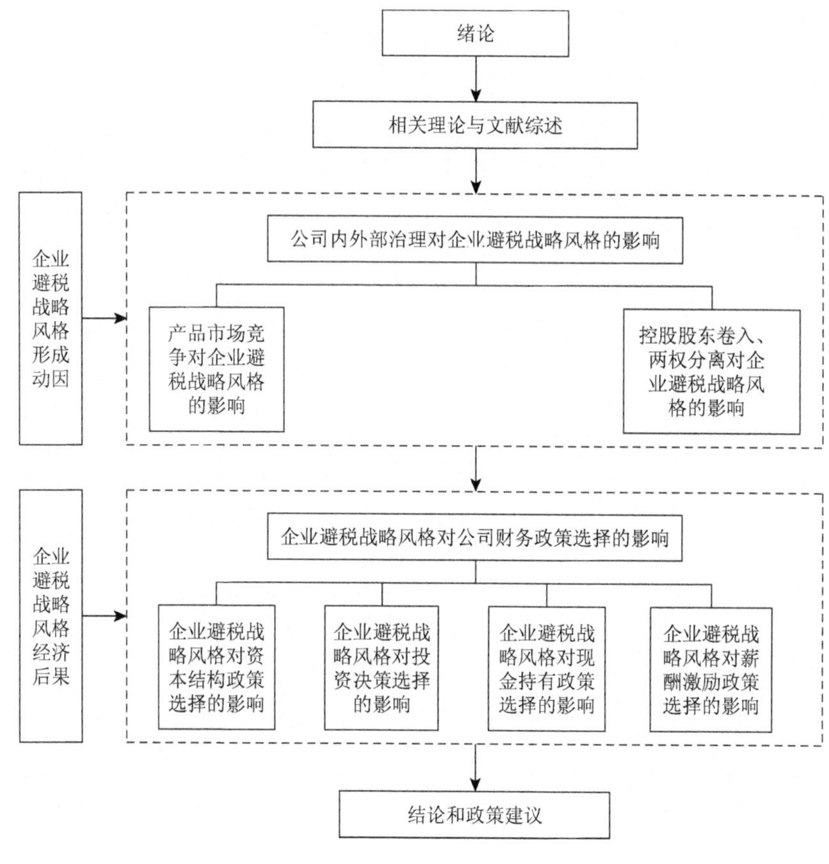

图 1.1 技术路线图

第五节 主要研究结论与创新之处

一、主要研究结论

第一，产品市场竞争对企业避税战略风格有着重要的影响。具体来说，产品市场竞争越激烈，企业避税的程度越高，企业避税战略风格越趋于激进；与防御型竞争战略相比，采取进取型竞争战略的企业将实施更为激进的避税战略与同行业内的企业进行竞争，以获取竞争优势。

第二，终极控股股东卷入、两权偏离对企业避税战略风格也存在着重要的影响。具体来说，终极控股股东卷入程度越低、控制权与现金流权偏离程度越高，上市公司避税战略风格越趋向于激进；避税战略风格越趋向于激进，上市公司终极控股股东实施攫取控制权私利的掏空行为的可能性越大，这将显著损害公司的业绩和降低公司的价值。

第三，上市公司避税战略风格与资本结构负相关，即上市公司避税战略风格越趋向于激进，资本结构越低，上市公司避税与债务融资存在着替代效应。进一步研究发现，债务资本成本对企业避税与资本结构的负向关系有显著的促进作用，即随着债务资本成本的提高，企业避税与债务融资的替代效应增强。

第四，过度激进的企业避税战略能够显著降低企业的现金持有价值，即投资者对实施过度激进避税战略的企业的现金持有赋予较低的价值评估；进一步研究显示，其作用机制在于，实施过度激进避税战略的企业更倾向于将避税所带来的现金流耗费掉，从而导致自由现金流的过度投资更为严重。

第五，企业避税战略风格和高管业绩-薪酬敏感性显著负相关，即避税战略风格越趋向于激进，高管业绩-薪酬敏感性越低。进一步研究发现，企业避税战略风格越趋向于激进，高管的薪酬黏性越强。

二、创新之处

本书的特色与创新主要体现在以下几个方面。

（1）从公司内外部治理角度对企业避税战略风格形成的动因进行深入研究，明确中国等新兴市场上公司治理对企业避税战略的作用机制，为研究企业避税活动提供了新的视角。现有研究将企业避税活动视为同质的，忽视了企业避税战略风格形式的差异性，也就无法全面深入地窥视企业避税活动形成的动因。本书从企业避税战略风格异质性角度，运用代理理论，从控股股东卷入程度、控制权与现金流权偏离程度两个方面深入研究企业避税战略风格形成的动因，是研究企业避税活动的新视角。

（2）运用代理理论和信息不对称理论，研究企业避税战略风格对公司财务政策选择的影响，拓展了企业避税和财务管理理论研究内容。现有文献已经发现企业避税活动可以通过信息不对称和代理问题两个途径影响公司财务政策选择，但其影响的内在机理在中国上市公司中却缺乏理论分析和实证研究。本书在代理理论和信息不对称理论基础上，利用上市公司数据，建立恰当经验模型，研究企业避税战略风格对公司财务政策选择影响的内在机理以及不同企业避税战略风格对公司财务政策选择的影响是否存在差异。

第二章　相关理论及文献回顾

作为本书研究的理论基础，本章通过梳理企业避税理论的发展脉络和相关文献，从委托-代理关系的视角对企业避税理论进行归纳，并从企业避税的度量、企业避税的动机、企业避税的方式、企业避税的影响因素以及企业避税的经济后果五个方面对已有文献进行梳理。为后面结合我国新兴加转轨经济的特殊治理环境，研究公司治理特征，特别是产品市场竞争、控股股东卷入程度、两权偏离对企业避税战略风格的影响，以及企业避税战略风格对公司财务决策的影响，提供理论依据和理论支撑。

第一节　企业避税理论

企业避税的现代理论研究始于 Marrelli（1984）及 Kreutzer 和 Lee（1986），他们通过建立企业避税的预期效用最大化模型——A-S 模型，分析了所有权与经营权合一企业所得税避税问题。但是，在现代公司制企业中，所有权与经营权相分离，据此，Slemrod（2004）从企业所有者与管理者的委托-代理关系的视角，对所有权与经营权相分离条件下的企业避税问题进行了研究，为企业避税研究提供了新的框架。随后，Chen 和 Chu（2005）与 Crocker 和 Slemrod（2005）也在委托-代理理论之下对管理者和所有者相分离的企业避税行为选择进行了理论分析。Slemrod（2004）、Chen 和 Chu（2005）与 Crocker 和 Slemrod（2005）的研究建立起了委托代理框架下企业避税问题的理论研究框架。

Slemrod（2004）指出由于现代企业的所有权与企业的经营权相分离，以前两权合一企业避税理论就要进行进一步的扩展研究。在企业所有权与经营权相分离的情况下，避税行为带来的收益远超过避税产生的风险，那么企业所有者就会要求经营者更多地进行避税，以带来更多收益。但是所有权和经营权相分离的现状，会导致管理者在做出企业税收决策的同时也会为自己谋取私利。

为了降低这种情况带来的代理成本，股东和董事会希望能够找到一种契约合同，既能对经营者有效控制，又能产生适当的激励，以达到公司利益最大化的目的。

Chen 和 Chu（2005）在研究企业避税问题时，假设委托者为风险中性者，而代理者为风险厌恶者，由于激励合同是不完善的，所以会歪曲代理者的努力，带来内部控制有效性流失的附加成本，这使得逃避税收行为不仅会导致传统的查获处罚风险，而且还会导致内部控制带来的附加成本。由于委托者与代理者两者之间的目标并不一致，这会导致经营者的避税决策往往不符合公司所有者的期望要求，从而增加了企业代理成本。这不仅使企业避税活动易招致税务部门查获处罚风险，还会产生由内部控制有效性流失带来的额外代理成本。

Crocker 和 Slemrod（2005）在企业的所有权与经营权相分离情况下考察税务机关对公司纳税不遵从行为的处罚对象是在管理者还是所有者身上的效果最好。研究发现由于委托者与代理者之间激励合同是不完善的，税务机关对公司纳税不遵从行为的处罚施加在管理者身上时将更为有效。

第二节　企业避税的度量

企业避税研究的一个难点在于企业避税程度的度量问题。目前，学术界并没有企业避税度量的统一方法，虽然学者采用了众多不同的方法对企业避税程度进行度量，但其度量方法大致可以分为两大类，即有效税率及其变体类指标和会计税收差异及其变体类指标。下面就两大类衡量指标进行具体的介绍。

一、有效税率类指标

有效税率（effective tax rate，ETR）或基本有效税率是指企业真实负担的有效税率，等于纳税人实际缴纳的税额除以课税对象。因此，有效税率就是企业当期承担的实际税率，通常可以用当期所得税费用除以税前会计利润得到。早在 1986 年，Porcano 就采用此方法度量企业避税程度。随后，国内外学者纷纷尝试使用该指标来研究企业避税问题。然而，采用基本有效税率作为企业避税程度的度量指标也存在一些问题，为了使企业避税程度的度量指标更加合理和科学，学者对基本有效税率进行了完善，衍生出了一系列变体指标。具体来说，有效税率及其变体类指标主要有以下几种度量方式。

1. 基本有效税率

根据有效税率定义，基本有效税率的计算公式为

基本有效税率=所得税费用/税前会计利润

2. 当期有效税率

基本有效税率没有考虑递延所得税费用，而递延所得税费用在某种程度上会影响企业的纳税。因此，采用基本有效税率来度量企业避税程度会产生一定的偏误。鉴于以上原因，Porcano（1986）考虑了递延所得税对当期所得税的影响，在计算有效税率时，将当期递延所得税从当期所得税费用中予以扣除，使用当期应交所得税除以税前会计利润。该指标在研究中通常用来衡量企业避税程度或税收激进类型。具体来说，当期有效税率的计算公式为

当期有效税率=（所得税费用递延–所得税费用）/税前会计利润

3. 长期现金有效税率

尽管当期有效税率克服了基本有效税率所带来的偏误，但征税和返税由不同部门负责，导致这两种活动确认的时间会有所偏差，并且企业和税收征管部门的税务纠纷可能会持续好几年。为了避免公司税率在年度间反复变化，Dyreng 等（2008）在度量企业避税程度时采用了长期现金有效税率，其估计方法是采用十年的总现金支的所得税费用除以同一时期的总息税前利润。

长期现金有效税率=十年的总现金支的所得税费用/十年的总息税前利润

4. 法定或名义税率–有效税率

有些企业纳税税种由于实行免税额、税收优惠、税前扣除和超额累进征收制度等原因，企业负担的税款不同于按税率表上所列税率计算的税款，形成实际税率与法定或名义税率的偏离。这时使用有效税率本身并不能准确衡量企业避税程

度，而应该使用法定或名义税率与有效税率的差异，以有效税率的偏离程度衡量企业的避税行为和避税程度。

二、会计税收差异类指标

所谓会计税收差异是指会计收益与应税收益之间的差异，也就是会计上的企业税前利润总额与应纳税所得额的差异，该类指标通常在这一基本计算方法的基础上加入新的考虑因素，如递延所得税、盈余管理行为导致的差异等。

1. 基本会计-税收差异

根据基本会计-税收差异定义，基本会计-税收差异的计算公式为

会计-税收差异=账面会计利润－应纳税所得额

应纳税所得额=所得税费用/所得税税率

2. 标准化的扣除递延所得税影响的会计-税收差异（BTD）

由于企业规模不同，会导致会计-税收差异不同。因此，仅以基本会计-税收差异绝对额来衡量企业避税程度，会导致高估大企业的避税程度，而低估小企业的避税程度。为了克服这种偏差带来的影响，学者往往利用期初资产总额对基本会计-税收差异进行标准化的方法来衡量企业避税程度，以排除企业规模所带来的影响。

BTD=（会计利润－应纳税所得额）/期初资产余额

应纳税所得额=（所得税费用－递延所得税费用）/名义所得税率

递延所得税费用=当期递延所得税负债增加额－当期递延所得税资产增加额

3. 扣除应计利润影响的会计-税收差异（DDBTD）

Frank 等（2009）、Desai 和 Dharmapala（2006，2009）、刘行和叶康涛（2013）在扣除递延所得税影响的会计税收差异的基础上，将会计税收差异中的盈余管理的影响加以控制，进一步扣除了应计利润的影响，将 BTD 中不能被应计利润解释的那一部分作为企业避税程度的测度。具体而言，可以通过下列模型来求得 DDBTD：

$$\mathrm{BTD}_{i,t}=\alpha \mathrm{TACC}+\mu_i+\xi_{i,t}$$

$$\mathrm{TACC}=(\mathrm{NI}_{i,t}-\mathrm{CASHFLOW}_{i,t})/A_{i,t-1}$$

其中，BTD 为标准化的扣除递延所得税影响的会计税收差异，TACC 为总应计利润，$\mathrm{NI}_{i,t}$ 为公司 i 在 t 年的净利润，$\mathrm{CASHFLOW}_{i,t}$ 为公司 i 在 t 年的经营活动产生的净现金流量），$A_{i,t-1}$ 为公司 i 在 $t-1$ 年的总资产，以消除企业规模带来的影响。μ_i 表示公司 i 在样本期间内残差的平均值，$\xi_{i,t}$ 表示 t 年度残差与公司平均残差 μ_i 的偏离度。扣除应计利润影响的会计-税收差异（DDBTD）即

$$\mathrm{DDBTD}=\mu_i+\xi_{i,t}$$

综上所述，国内外主要企业避税程度衡量方法见表 2.1。

表 2.1 国内外主要企业避税程度衡量方法

衡量指标	文献来源
（1）有效税率类指标	
基本有效税率	Porcano（1986），Rego（2003），吴联生（2009），刘慧龙和吴联生（2010）
当期有效税率	Porcano（1986），Zimmerman（1983）
长期现金有效税率	Dyreng 等（2008）
法定或名义税率-有效税率	Hanlon 和 Heitzman（2010），刘行和叶康涛（2013，2014）
（2）会计税收差异类指标	
基本会计税收差异	Manzon 和 Plesko（2002）
标准化的扣除递延所得税影响的会计-税收差异（BTD）	Frank 等（2009），刘行和叶康涛（2013，2014）
扣除应计利润影响的会计-税收差异（DDBTD）	Frank 等（2009），Desai 和 Dharmapala（2006，2009），Chyz 等（2013），刘行和叶康涛（2013，2014）

第三节 企业避税的动机

企业避税动机研究主要集中在自利动机和契约动机两个方面。企业避税的自利动机研究以股东与管理者之间的代理冲突为逻辑基础，认为尽管风险中立的股东要求管理层进行避税以达到增加企业税后现金流的目的，但管理者可能伺机利用复杂不透明的避税交易掩盖或实施自利行为，从而达到其攫

取个人私利的目的。并且，企业避税活动越多，自利行为越易被掩盖和付诸实施，管理者获取个人私利越大，自利动机反过来又继续推动管理者实施避税的内在冲动。Cheng 和 Warfield（2005）对安然公司，Desai 等（2004）对泰科国际有限公司避税案例进行了分析，均发现管理者通过企业避税活动来获取个人私利的证据。Desai 和 Dharmapala（2006）、Desai 等（2007）为企业避税活动和掏空之间的互补关系提供了实证证据，发现管理者可以通过企业避税活动向股东寻租。

企业避税的契约动机主要体现在债务契约方面，即企业通过避税活动来获取具有更好条件的债务契约。Lisowsky 等（2010）通过考察企业避税与长期和短期负债利息率的关系，发现成功避税企业在获得债务契约时能够享受更低的利息率。Kim 等（2010）考察了企业避税对银行贷款契约中价格条款和非价格条款的影响，发现当企业向银行申请贷款时，银行对于那些避税程度较高的企业会收取较低的贷款利差和施加更少的限制性契约条款。

第四节　企业避税的方式

在之前的文献研究中，大多将企业避税方式分为债务避税和非债务避税两类。债务避税是指利用负债的利息抵税以达到避税的目的。非债务避税是指企业通过注册海外离岸公司、采取关联交易或者转让定价、折旧政策、投资税收抵免等方式达到减少乃至规避税负的目的。De Angelo 和 Masulis（1980）发现非债务避税对债务避税方式具有的“挤出效应”，使得债务避税的有效性下降，降低了公司通过负债避税的吸引力。Dhaliwal 等（1992）发现企业可以通过投资税收抵免达到避税的目的，并且还发现能够获得投资抵税的公司更倾向于较少采用债务抵税形式避税，从而导致这些公司的资产负债率较低。Graham 和 Tucker（2006）与 Lisowsky 等（2010）的研究也支持与债务避税方式相比，企业更倾向于使用非债务避税方式进行避税。因此，非债务避税方式是目前企业避税研究的主要内容。转让定价是非债务避税方式中使用最为普遍的一种避税方式。Jacob（1996）、Clausing（2003）、Bartelsman 和 Beetsma（2003）、Cools 等（2008）、

Sikka 和 Willmott（2010）提供了企业通过转让定价进行避税的实证证据。Desai（2003）、Schallheim 和 Wells（2004）发现企业可以通过加速折旧的方法达到规避税收的目的。

第五节 企业避税的影响因素

挖掘企业避税的影响因素，有助于识别避税企业的特征以及解析企业避税形成的动因。目前，国外文献主要从公司财务特征、公司内部治理和公司外部治理机制或环境等方面对企业避税的影响因素进行了广泛的研究。

一、公司财务特征

长期以来，学者广泛关注公司财务特征（企业规模、资本结构、融资约束、盈利能力等）对企业避税行为的影响。

1. 企业规模

目前，国内外关于企业规模因素对企业避税影响的研究存在正相关和负相关两种截然不同的结论。

Porcano（1986）在以政治权力假说为前提的情况下，对企业规模与企业避税之间的关系进行了研究，他发现公司规模越大，越有能力影响其政治过程，从而通过税收筹划等行为来达到节税的目的，即二者呈正相关关系。

Huseynov 和 Klamm（2012）的研究也支持 Porcano（1986）的结论，他们发现公司规模与企业的有效税率存在显著的负相关关系，也就是说企业规模大，承担的有效税负反而较小，企业可能存在更多的避税行为。

Zimmerman（1983）通过以现金流为基础来分组计算美国所有上市公司的实际税率，发现公司规模处于前 50 名的公司的实际税率要高于其他公司，这说明公司规模大的企业避税程度要小于规模小的公司，即二者呈负相关关系。

Hoi 等（2013）的研究支持 Zimmerman（1983）的结论，他们发现公司规模与会计税收差异显著负相关，表明公司规模越大，其应纳税所得额更接近会计利润，这样的公司从事避税行为的程度也就越低。

2. 资本结构

Mills 和 Newberry（2001）在将上市公司与非上市公司进行对比时，研究发现上市公司的会计税收差异程度即企业避税程度更加严重，并且发现这种现象普遍存在于具有一定财务困境、较高资产负债率的上市公司。

3. 融资约束

Edwards 等（2012）的工作论文采用美国上市公司的数据直接考察了融资约束对企业税收规避的影响。他们分别构建了用于度量融资约束的两个宏观指标和两个微观指标，均发现企业面临的融资约束越大，税收规避动机越强。

4. 盈利能力

高盈利性的企业往往具有较高的边际税率（Gupta and Newberry，1997）。因此，有的学者认为盈利性越高，企业有效税率越高，避税程度越小。Mills 和 Newberry（2001）在将上市公司与非上市公司进行对比研究时，发现上市公司的会计税收差异程度即企业避税程度更加严重，并且发现这种现象普遍存在于具有较低盈余的上市公司，即盈利越强的公司，避税程度越低。另外，盈利性好的企业可能拥有更多的资源，从而支持企业通过税收筹划享受税收抵免或延迟纳税，以达到降低当期有效税负的目的（Mcguire et al.，2012）。因此，他们认为盈利性越高，避税程度越高。

二、公司内部治理

现代公司制企业是以企业所有权和经营权相分离为基础，以委托-代理关系为纽带，以公司治理机制为保障的一种制度安排。在这种制度安排下，由于代理人的收益与委托人的股权收益没有直接联系或联系很少，容易引发所有者与管理者之间的矛盾冲突，尤其是当公司存在自由现金流量时，管理者的机会主义行为就会非常严重。为了使代理人与委托人的利益目标趋于一致，股东必然会设计一系列的公司内部治理机制对代理人行为进行监督。因此，有效的公司内部治理也应该抑制管理者在企业避税中存在的机会主义行为。在公司内部治理中，股权结构、董事会结构和经理层激励是三个重要方面。下面本节将从股权结构、董事会结构和经理层激励这三个内部治理机制对上市公司避税行为影响的相关文献进行回顾。

1. 股权结构

从广义上来说，股权结构主要包括股权性质和股权集中度这两个方面，关于股权结构对企业避税影响的研究也主要是从上述两个方面展开的。

（1）股权性质对企业避税影响的研究。已有研究表明，股权性质不同，其在代理问题的产生与解决、所有权的行使方式上等都存在显著的差异，这对企业避税的影响也不相同。

苏珊珊（2012）研究了股权性质对企业避税的影响，认为在市场经济转型过程中，作为国有企业控股股东的政府主要在行政上加强对公司的控制而在产权关系控制中相对较弱。这将导致一些国有企业为了粉饰其业绩以达到获得奖励或者扩张的目的，根本不采取避税措施，相反却调增利润，多缴税款，以达到某种目的。因此，她发现国有上市公司避税程度较低。

而郑红霞和韩梅芳（2008）却发现，国有企业具有更高的代理成本，使其倾向于采取保守的避税行为，选择放弃税收筹划，支付更多的税收成本，因此其实际所得税税率更高。

（2）股权集中度与企业投资研究综述。股权集中度如何影响企业避税行为呢？这归根结底属于委托代理问题。当公司股权高度集中甚至一个所有者就能有效控制公司时，代理问题就会从管理者与所有者之间的利益冲突转向控股股东与少数股东之间的利益冲突。股权高度集中，控股股东占据了绝对优势地位，使得绝对控股股东可以通过影响股东大会的决议来操纵公司的经营行为，以牺牲中小股东的利益来追求其自身的利益。因此，在企业避税决策中，如果大股东通过高额持股而拥有绝对的控制权，则大股东受到其他中小股东的监督就会相应弱化，此时，大股东就有动机通过管理者实施有利于自己但损害其他股东利益的避税活动。

对企业股权结构对企业避税影响的研究，学术界有两种不同的观点。一种观点认为股权集中度高的公司可能会采取更为激进的避税行为。例如，Chen 等（2010）的研究结果就发现，所有权集中的公司（如家族企业）会逃避更多税收，因为这样的企业更容易控制所有者，促使其采取激进的避税行为获得更多控制权私利。苏珊珊（2012）研究发现避税收益的最大受益者是处于绝对控股地位的大股东，而作为委托人的中小股东所承担的风险与其所获得的收益是不匹配的，其利益却大部分都被大股东侵占了。因此，股权集中的大股东可以通过避税来满足自身的利益和需求，在这种情况下其倾向于采取激进的避税行为。而另一种观点认为股权集中度高的公司可能会更少地从事避税活动。例如，刘华等（2007）对股权集中型企业所得税避税问题进行了理论研究。研究结果显示，控股股东的持股份额会对企业避税决策产生影响。随着大股东持股比例的增加，企业的避税活动将减少。

此外，也有部分学者在股权集中的治理模式下，对公司所有权和控制权性质差异所导致的现金流权和控制权分离情况下终极控股股东的避税行为进行了探索性研究。例如，胡馨文（2015）以民营上市公司 2003～2013 年的 2465 个面板数据为样本，考察了控制权现金流权分离度对企业避税行为的影响，研究发现民营上市企业控股股东两权分离度越小，企业避税就越明显，即控股股东控制权现金流权分离度与企业避税程度呈显著负相关性。这是因为当控制权现金流权分离度大的时候，即控制权远远大于现金流权时，控股股东通过避税带来的收益远远小于避税所带来的风险，这时企业对避税活动的关注度就会下降。反之，控制权现金流权分离度小的时候，即控制权与现金流权相差较小，通过避税带来的收益会大大增加自己的收入，民营上市公司中控股股东对避税的关注度就会大大上升。

2. 董事会结构

为了有效减轻管理者实施激进避税行为给公司股东所带来的损失，缓解代理冲突，建立将公司执行和监督相分离的决策系统是非常必要的。董事会就是这样一个决策系统，它是一个有效的公司治理机制，具有监督公司重大决策、雇佣或解聘公司高级管理人员的职能。董事会接受股东授权进行内部控制和其他决策。它有权控制企业因代理问题所代理的任何损失，这使董事会成为公司决策控制的最高机构。在这种情况下，董事会认为是缓解所有权与经营权相分离所产生的代理问题的一种非常有效的治理机制（Fama and Jensen，1983）。因此，董事会职能、效率成为了理论界和实务界广泛关注的焦点，而影响董事会职能、效率的主要因素是董事会成员组成的差异，即董事会结构。因此，早期关于董事会的研究着重于董事会结构对企业价值和公司财务决策的影响。近年来，国内外学者就董事会结构对企业避税的影响也进行了有益的探索。

Lanis 和 Richardson（2011）以澳大利亚证券交易所 2001～2006 年的 32 个上市公司数据（包括 16 个避税激进公司和 16 个非避税激进公司）为样本，运用 Logit 回归方法检验董事会特征变量与企业避税的关系。他们发现随着董事会中独立董事比例的提高，企业实施激进避税行为的概率降低。进一步研究还发现，董事会中独立董事持股比例越高、任期越长和董事会成员数量越多，企业实施激进避税行为的概率越低。

Steijvers 和 Niskanen（2011）以芬兰 2002～2005 年的 600 个中小企业数据为样本，考察了董事会特征变量对企业避税的影响。他们发现董事会中独立董事的存在提升了企业的监管效率，对由于较低 CEO（首席执行官）持股比例所导致的激进避税行为起到了一定的抑制作用。

Moore（2012）以 1998～2009 年 7070 个公司的非平衡面板数据为样本，采用固定效应回归模型考察了董事会治理对企业避税的影响。研究发现，董事会规模越小、董事会独立性越强，以会计税收差异衡量的企业避税程度越低。

3. 经理层激励

企业避税是决定公司价值创造的重要因素之一，由所有权与经营权相分离所导致的代理问题会影响高管人员的避税决策。近年来，越来越多的公司开始使用以股票为基础的激励报酬形式（股权激励、限制性股票等）以减少所有者与经理层利益的偏离。已有的研究认为，以股票为基础的激励报酬能够将经理层利益与公司利益更紧密地联系起来，从而激励经理层以股东利益最大化为目标做出决策。Mehran（1995）以及 Hall 和 Liebman（1998）发现不参与管理的董事占的比例更大的公司更有可能采取以股票为基础的激励报酬，并且这种措施会提升公司的业绩。Jenson 和 Meckling（1976）发现对高管施行股权激励政策，使高层管理人员持有公司的股权，会提高管理者提升企业市场价值的动机。这将增强管理者采取企业避税这一操纵性行为提升股价的动机。例如，Phlillips（2003）研究发现对管理者基于税收收益的激励报酬导致更低的避税行为。Desai 和 Dharmapala（2006）建立了经理层激励报酬对避税影响的模型，并发现基于期权的经理层激励和避税行为之间具有显著的负相关关系。他们将这种差别归因为经理层参与避税是为了增加管理寻租的机会，那么增加经理层期权激励能将管理者与股东的利益联系在一起，并且能够降低管理者转移公司利润的程度，进而降低了与转移公司利润成正比的避税活动。刘华等（2010）以 1999～2007 年我国沪深两市上市公司的数据为样本，考察了管理者激励对企业避税的影响，发现国有控股企业由于所有者缺位，对管理者的激励报酬无法达到很好的激励效果。因此，增加国有控股企业管理者的股权激励，并不能促使他们采取更多的避税行为以提高公司的税后利润，相反，国有控股企业管理者很有可能为了降低风险成本而减少避税。宋佩君（2009）、吴金（2012）、汪丽莎（2014）等均发现管理者股权激励与企业避税之间存在着显著的负相关关系，即增加高管持股比例将会减少企业的避税水平。

然而，目前关于高管激励与企业避税之间关系并没有得出较为一致的结论。尽管较多的研究支持为管理者提供以股票为基础的激励报酬会显著增加企业避税行为这一结论，但也有少数研究发现经理层股权激励与企业避税不相关或正相关。例如，Armstrong（2010）以公司税务执行官作为研究对象，发现对税务执行官的激励对公司避税没有影响。Gupta 和 Swenson（2003）考察了管理者的激励会对避税决策的影响，发现高额激励报酬能够激发管理者主动争取更大的公司税收利益。Rego 和 Wilson（2008）发现公司高管的激励报酬与企业避税之间存在正向关系，即公司高管会因为避税而受到奖励。王跃堂等（2009）认为高管持股比例的提高，会使得企业的代理成本降低，高管享受到推迟利润的收益将增大，因此，管理层持股比例与企业避税行为呈正相关性。张天敏（2012）以 1999～2008 年我国沪深两市上市公司的数据为样本，考察了管理者激励对企业避税的影响，发现为管理者提供以股票为基础的激励报酬，会显著增加企业避税行为。刘江（2012）认为公司给予经理层的股权激励越多，其与公司股东的利益将越趋于一致，为了实现股东价值最大化，经理层将会通过避税来实现这一目标。因此，他发现管理层股权激励水平与避税程度显著正相关。徐冠楠（2014）发现经理层股权激励与企业避税间存在显著的正相关关系，即增加经理层股权激励会促使经理层更多地采取避税措施，减少企业税负。

此外，还有部分学者将公司治理和高管激励结合起来研究其对企业避税活动的影响。例如，Desai 和 Dharmapala（2006）在研究企业避税时将上面提到的管理者寻租纳入研究范围，企业避税行为加重了所有者和管理者之间的信息不对称程度，对管理者寻租产生积极的影响，这就让报酬激励对企业避税的影响变得更加复杂，在公司治理比较好的企业，报酬激励和企业避税的关系并不明显，在公司治理比较差的企业，报酬激励越高企业避税的程度反而越低。陈冬和唐建新（2012b）在研究上市公司高管薪酬、公司治理和企业避税三者的关系时发现，高管薪酬和企业避税是显著相关的，特别是在公司治理较弱的企业，高管薪酬较高的结果往往是企业避税规模并不大，同时也发现企业避税规模和会计信息的披露质量之间是反向关系，当高管薪酬提升时可以减弱它们两者之间的负相关关系。避税规模与会计信息披露质量间的负相关关系并不是由盈余管理导致的，研究结果为公司避税产生代理成本这一论点提供了经验证据。

三、公司外部治理机制或环境

公司治理是企业内部机制和外部治理机制或环境的总和，它是一种促使公司控制者（经营者）以公司所有者的利益最大化为原则的内外制度安排。一般而言，公司的外部治理机制或治理环境主要包括债权治理、机构投资者持股、审计外部治理、产品市场竞争、投资者法律保护、政治关联、金融发展等。由于外部治理机制或环境是公司内部治理机制发生作用的基础，没有良好的外部治理机制或环境，即使存在良好的公司内部治理机制，其作用也可能无法得到有效发挥，因此，本节将主要从机构投资者持股、审计外部治理、产品市场竞争、政治关联、金融发展等方面对企业避税影响的相关文献进行回顾。

1. 机构投资者持股

Moore（2012）以 1998～2009 年 7070 个公司的非平衡面板数据为样本，采用固定效应回归模型考察了机构投资者持股对企业避税的影响。研究发现，机构投资者持股比例越高，以会计税收差异衡量的企业避税程度越低。

Khurana 和 Moser（2013）研究机构投资者长期持股比例对企业避税行为的影响。理论分析认为，避税通过节省税务增加企业价值，但是由于避税行为鼓励管理层机会主义并降低透明度，预期长期持股的机构投资者可能不会倾向采取避税行为。通过对机构投资者持股的企业研究发现，长期持股机构投资者拥有的企业表现出更小规模的避税。进一步的研究发现，这一结论主要在公司治理差的企业里表现显著。

吕伟等（2011）发现较多的信息中介和机构投资者参与，能够显著增加企业避税行为对公司价值的正面影响。

陈冬和唐建新（2012a）认为管理层会从事寻租行为并且会通过构造复杂且不透明的避税活动来对这种行为进行掩盖。该文献主要从管理层避税寻租的角度，研究了机构投资者持股对避税程度和名义所得税率敏感度的影响，并研究了机构投资者持股是否对企业避税与企业价值关联性产生增量作用。该文献以 2003～2010 年沪深两市 A 股上市公司的年报数据为样本，并将我国税收方面的优惠措施考虑在内，实证结果表明以下几点：无税收优惠的公司中，企业避税程度与机构投资者持股多少成反比；当机构投资者持股比例较低时，名义所得税率的敏感度会有所降低；避税对企业价值的提升作用，在机构投资者持股比例较高的企业中更为明显。研究结果还表明，公司治理机制是否有效对于税收政策的实施效果具有重大影响。

张菊（2013）以 2009～2011 年 A 股上市公司为样本，通过检验机构投资者持股比例与企业避税的相关性，发现：机构投资者整体持股比例与企业避税规模呈显著的负相关关系，持股比例越高，被持股企业的避税规模越小；但是基金与其他主要机构投资者持股比例却与企业避税规模呈显著正相关关系，持股比例越高，被持股企业的避税规模越大。结论表明，机构投资者的异质性对企业避税的影响是不一样的。

2. 审计外部治理

上市公司避税行为一直以来都是监管部门关注的焦点问题，尤其是近年来，国际避税现象愈演愈烈，使得避税活动再次成为监管部门监管的焦点。有学者认为，审计作为外部监督工具，能够有效辅助监管部门发现企业的避税手段，降低企业避税行为。但是，也有学者认为，在审计独立性较差的情况下，审计师会运用其专业知识为企业避税出谋划策。目前，学者关于审计外部治理对企业避税的影响并没有形成较为一致的观点。

Moore（2012）以 1998～2009 年 7070 个公司的非平衡面板数据为样本，采用固定效应回归模型考察了审计外部治理对企业避税的影响。研究发现，审计委员会规模越大，以会计税收差异衡量的企业避税程度越低。

Mcguire 等（2012）研究外部审计师事务所的税务行业专长对其客户避税规模的影响。发现如果企业向有税务行业专长的审计师购买税务服务，那么其避税规模会更大。

Richardson 等（2013）以 2006～2009 年澳大利亚 203 家上市公司的 812 个数据为样本，考察了审计外部治理对企业避税的影响。研究发现，具有四大审计和外部审计独立性的公司的避税活动较少。Sikka 和 Hampton（2005）、Freise 等（2008）、Sikka（2010）的研究同样支持了 Richardson 等（2013）的观点，他们认为四大审计有为企业激进避税活动出谋划策的倾向，这降低了企业应该缴纳的税负。

金鑫和雷光勇（2011）认为高质量的外部审计能够有效抑制企业激进的税收活动。进一步，对于不同产权性质的企业，这种抑制效果有显著差异。由于政治关联和融资约束程度的不同，相比于非国有企业，审计监管对国有企业避税的治理效果更好。

魏春燕（2014）以 2008～2012 年沪深两市 A 股上市公司为样本，发现审计师可能运用其专业知识帮助客户避税。尤其是当事务所对客户的收入依赖较大或审计任期较长时，审计师更有可能运用其行业专长帮助客户避税，表明在审计师独立性较差的情况下，审计师行业专长不能加强外部审计的监督效应，反而提高了客户的避税程度。

戚晓丽（2015）以 2012～2014 年沪深 A 股上市公司为研究样本，实证检验了审计师行业专长对企业税收激进行为的作用，并对不同最终控制人性质企业的作用效果加以区分。研究发现：①具有行业专长的审计师能够有效抑制企业避税行为；②基于政治关联和融资约束差异，相比于国有企业，审计师行业专长对非国有企业避税行为的治理效率更为显著。

3. 产品市场竞争

基于委托代理理论可以看出，企业避税活动本身就包含着严重的代理问题，并且企业避税战略越激进，其代理问题也就越严重。而产品市场竞争作为一种有效的外部治理机制可以改善股东与管理者之间的信息不对称，提高经理人努力的边际产出，减少经理人的机会主义行为，从而有助于降低经理与股东之间的代理成本。因此，产品市场竞争通过约束机制大大降低了企业避税中的代理问题，产品市场竞争的“治理效应”发挥作用。

上述分析着重强调了产品市场竞争的外部治理机制对企业避税战略风格的影响，忽略了产品市场竞争对企业本身盈利能力以及对风险缓冲能力的影响。一般来说，处于竞争激烈行业的公司往往盈利微薄，其风险缓冲能力相对较小。相反，处于垄断性行业的公司，往往能够获取超额利润，因而其具有较强的风险缓冲能力。因此，当公司在遭遇意外的需求下降或者整体经济下行的风险时，与垄断性行业的公司相比，竞争性行业将更有动力选择较为激进的企业避税活动，以应对盈利能力下滑和风险缓冲问题，从而保证公司的正常运转，实现企业短期价值最大化。

因此，从上述分析可以看出，产品市场竞争对企业避税存在两种截然相反的影响。那么，何种影响处于主导地位呢？国内外学者对此问题进行了探索性研究。

Cai 和 Liu（2009）基于中国工业企业数据的实证研究发现，当企业处于竞争非常激烈的行业时，为了有更多的资金进行投资，从而确保其在行业中的竞争优势，这些企业会较大程度地进行税收规避。彭效冉和许浩然（2016）以我国 1998～2013 年沪深两市 A 股制造业和采矿业两类上市公司为样本，考察了产品市场势力对企业避税的影响。研究发现产品市场势力越大，企业避税行为越趋向于激进。进一步研究发现，行业整体竞争状况也决定着企业避税策略。这说明竞争性越强，企业避税程度越高，产品市场竞争的公司治理效应并未发挥显著作用。

4. 政治关联

已有研究认为尽管企业有降低税负的愿望，但能否成功避税而不遭受税务机关的处罚，并非取决于企业自己，而是由避税企业所在地的政府环境决定的。此时，如果与政府建立良好的关系，便能为企业成功避税起到重要作用，一方面，企业与政府建立政治关联，能促使其通过自身的政治影响力取得税务当局对企业避税方案的宽松态度和允许；另一方面，与政府交好，能积累广泛的人脉关系和社会资源，当避税行为出现危机时，也能够及时地进行公关处理，起到“保护伞”的作用。因此，政治关联对企业避税活动有着重要的影响。

目前，关于政治关联与企业避税之间的关系，国内外学者一致认为政治关联与企业避税之间存在显著的正相关关系。Cai 和 Liu（2009）发现政治关联程度越高的企业会有更大程度的避税行为。Kim 和 Zhang（2013）也发现与非政治关联企业相比，政治关联企业的避税行为更为激进。罗党论和魏翥（2012）、李维安和徐业坤（2013）均发现政治关联程度高的企业会有更大程度的避税行为。

5. 金融发展

已有理论认为，一方面，金融发展所带来的企业融资渠道的增加和融资成本的降低，会缓解企业的融资约束，从而降低税收规避的边际收益；另一方面，外部融资对企业信息质量要求的提升，会增加税收规避的边际成本。因此，金融发展对企业避税活动也有着重要的影响。

刘行和叶康涛（2014）利用我国上市公司的数据，实证检验了金融发展对企业所得税负的影响，为金融发展促进经济增长的微观传导机制提供了新的证据。研究结果发现，一方面，金融发展水平的提高能够减轻企业的融资约束，会降低税收规避的边际收益；另一方面，金融发展所带来的企业利用外部融资的机会增多和需求增大，税收规避的边际成本就会越来越大。因此，金融发展所带来的企业融资约束的缓解，会显著提高企业的所得税负。进一步研究还发现金融发展程度每上升一个标准差，将提高民营企业实际所得税率 1.5 个百分点，这一提高幅度是国有企业的 2.6 倍。在采用金融发展的自然实验机会克服内生性问题之后，实证结果依然稳健地存在。

第六节　企业避税的经济后果

传统的观点认为，企业通过避税减少了税负，增加了企业未来现金流量，有利于提升企业价值。然而，新近从企业避税代理观出发的文献却发现，企业避税不仅会引发代理问题，而且还加剧企业信息的不对称，这将会影响资本市场的资源配置效率。目前，关于企业避税经济后果研究主要集中在企业避税对企业价值、财务行为和会计行为影响这三个方面。

在企业避税对企业价值影响方面，企业避税可以为企业带来现金流的节约，从而有利于提升企业价值。如果投资者能够有效识别企业的避税行为，并且意识到这有助于公司价值的提高，应该对其做出市场反应。Jennings 等（1996）、Pincus（1997）、Wilson（2009）研究发现企业的避税行为能够得到积极的市场预期，能够提高企业价值。国内，罗党论和魏翥（2012）发现企业规避税收能够降低企业的实际税负，为企业带来经济利益的流入，增加公司价值，并且企业的避税程度越大，这种公司价值的提高就越大。然而，新近从委托代理框架出发，Desai 和 Dharmapala（2009）却发现，企业避税行为也并不一定会提升企业价值。他们认为只有在公司治理机制比较完善的企业，避税才能增加企业价值。Hanlon 和 Slemrod（2009）检验了企业参与税收筹划的市场反应。他们发现，当企业向市场披露了相关避税交易行为时，投资者给出了负面的评价。这说明外部投资者实际上十分关注隐藏在避税交易行为背后的潜在的利益侵占行为。但是在企业治理水平较好的环境中，上述负面的市场反应表现得并不那么明显。陈旭东和王雪（2011）以中国上市公司 2001～2009 年的数据，实证检验了税收规避与公司价值之间的关系，研究发现企业避税活动降低了企业价值。孙刚等（2013）却发现企业避税程度与股票收益率“暴跌”之间的显著正相关关系应在信息透明度较低的企业中表现更为明显。

在企业避税对财务行为影响方面，国内外学者主要从融资、投资和现金持有决策等方面进行了探索性研究。

在融资决策领域，学者就企业避税对资本结构和资本成本的影响进行了研究。首先，在企业避税对资本结构影响方面，Graham 和 Tucker（2006）实证研究了避税是否能作为债务使用的替代这一问题。他们将 1975～2000 年 44 家涉及避税的公司与 44 家不涉及避税公司的匹配样本进行比较，研究发现避税可以作为债务使用的替代，从而为低债务之谜提供了一种令人信服的解释。Lin 等（2014）以美国 2006～2011 年 1500 家上市公司为样本，考察了企业避税对资本结构的影响。他们发现企业避税与资本结构之间存在显著的负相关关系。Richardson 等（2014）以美国 2001～2010 年 6967 家公司为样本，考察了企业避税对公司债务政策的影响。他们发现企业避税与公司债务水平之间也存在显著的负相关关系。其次，在企业避税对债务资本成本影响方面，Lim（2011）和 Lisowsky 等（2012）则通过实证研究均发现避税程度与公司的全部债务利息成本显著正相关，也就是公司避税程度越高，其债务融资利率也就越高，承担的债务资本成本也就越多。Shevlin 等（2013）以美国 1990～2007 年发行公司债券的大样本数据为样本，考察了企业避税对债务资本成本的影响。他们发现避税程度高的企业债券融资成本较高。Hasan 等（2014）对银行、债券投资者分别进行研究，研究发现企业避税程度越高，其借款利率和债券利差越高，即说明了避税行为会使企业承担更高的债务融资成本，避税对外部投资者来说是一种负面消息。但是学术界也有学者持相反的观点，如 Kim 等（2010）考察了企业避税对银行贷款的价格条款和非价格条款的影响，研究发现避税程度高时，银行索取了较低的贷款利差和施加了较少限制性条款，即避税程度高的企业拥有较低的银行借款成本，他们认为合理避税会增加企业的现金流，具有较高的偿债能力，因此能以较低的债务融资成本获得资金。

在国内，孙刚（2013）以2002～2008年所有A股上市公司为样本，研究上市公司避税行为对债务融资成本的影响，发现在税务检查强度较大的地区中，企业避税程度与债务融资成本呈负相关关系。童锦治等（2015）以2004～2013年中国上市公司10263个样本为研究对象进行实证研究，发现避税在总体上会提高企业的债务融资成本，降低股权融资成本。王写写（2015）以我国2009～2014年沪深两市的A股上市公司为研究样本，实证验证避税行为对企业债务融资的影响，发现避税程度与企业债务融资成本呈正相关关系，这说明了激进的避税行为使企业需要付出更高的代价来获得银行借款。最后，在企业避税对股权资本成本影响方面，Hutchens和Rego（2012）发现企业避税与权益资本成本显著正相关。而Goh等（2013a）却发现不激进的企业避税形式有利于降低股权资本成本。国内学者对避税的研究起步较晚，关于避税与企业股权融资的研究就更少，研究也不够深入。

在投资决策领域，国内外学者均发现企业避税会降低企业的投资效率。William等（2010）研究发现避税程度越高的企业越容易导致投资过度行为。刘行和叶康涛（2014）采用我国1999～2010年的所有A股上市公司作为初始样本，考察了企业的避税活动对投资效率的影响，研究发现避税活动主要会导致企业过度投资，并且企业的避税程度越高，投资效率越低。刘严伟（2015）以2008～2013年所有A股上市公司的11109个非平衡面板数据为样本，考察了企业的避税活动对投资不足和投资过度等非效率投资行为的影响，研究发现避税行为往往会降低企业的信息透明度，增大了信息不对称问题。信息不对称问题可能会使得企业面临更严重的融资约束，进而无法获取资金而造成投资不足；进一步分析表明避税造成的信息不对称也会加重股东和管理者之间的代理冲突，造成企业的非效率投资。因此，避税行为与非效率投资呈现正相关。张玲和朱婷婷（2015）以2008～2012年A股上市公司为样本，研究发现企业避税活动会降低企业投资效率。陈北国（2016）以我国沪市A股上市公司2012～2014年的数据为研究样本，研究发现避税会降低企业的投资效率，并且避税活动主要会导致企业过度投资，而只有非常微弱的证据表明避税活动会引发投资不足。

在现金持有决策领域，Dhaliwal等（2011）考察了企业避税对现金持有水平和现金持有价值的影响，研究发现企业避税促发了寻租行为，管理者有动机将公司现金迅速地消耗掉以获取个人私利，从而导致企业避税程度越高，现金持有水平越低，这将显著地降低现金持有的价值。季施思（2016）以 2009～2013 年沪深两市 A 股上市公司为样本，实证研究了企业避税与现金持有量及现金持有价值间的关系，研究发现企业避税与现金持有水平负相关，支持了寻租假说和代理成本理论，避税并未为企业节约更多现金；另外，避税的确会降低企业价值，但没有证据表明其会降低现金持有价值。

在企业避税对会计行为影响方面，Scholes 等（2008）、Chen 等（2009）发现企业避税活动降低了财务报表的信息质量和透明度。Balakrishnan 等（2011）、Hope 等（2013）均发现企业避税活动降低了企业信息环境的透明性。Hanlon（2005）发现企业避税程度与盈余持久性负相关。Frank 等（2009）发现企业避税与操纵性盈余管理正相关。陈冬和唐建新（2012b）发现企业避税程度越高，会计信息披露质量越低。

此外，还有部分学者研究了企业避税对审计行为的影响。Donohoe 和 Kenchel（2012）以 2002～2010 年美国标准普尔公司会计数据库的 55477 个观察数据为样本，考察了企业避税对审计定价的影响，研究发现公司避税降低公司透明度，弱化会计信息质量。审计师为了控制公司避税可能产生的审计风险，就会要求获取更高的审计收费。陈冬和罗祎（2015）的研究也发现民营企业避税程度越高，被要求支付的审计费用越高。Goh 等（2013b）考察了企业避税对审计师离职行为的影响，研究发现企业避税程度越高，审计师离职的概率越大。

第七节　国内外企业避税相关研究评价

通过对国内外企业避税研究文献的总结、分析，发现现有研究存在以下几方面的不足。

（1）国外企业避税的理论研究是以代理理论为基础，但由于理论形成于比较发达完善的资本市场，与我国新兴加转轨经济特征的资本市场制度环境有一定差距，对第二类代理问题、终极控制权的影响等问题考虑较少，没有深入解析中国等新兴市场上市公司避税战略风格的形成动因，也就无法明确上市公司股权结构和控制权结构对公司避税战略风格的作用机制。

（2）国外学者有关企业避税经济后果的研究成果比较丰富与全面，研究内容不仅已深入企业避税下的会计行为层面，而且还系统研究了企业避税对公司现金持有决策、融资决策和投资决策等财务管理决策的影响，企业避税下的财务管理决策问题正被引向更为深入的层面。我国学者虽然从企业避税的代理观出发，考察了企业的避税活动对企业价值、融资成本和投资效率的影响，但研究事件和分析视角仍比较窄，受到关注不够。

（3）国内外学者有关企业避税研究大多存在一个共同问题，就是把企业避税活动视为同质的，忽视了企业避税战略风格形式的差异性，则无法全面深入地窥视企业避税活动形成的动因及其经济后果。

基于上述对国内外企业避税研究文献的分析，在我国转型经济背景下，本书将以我国新兴加转轨经济的资本市场制度环境为基础，采用实证研究方法对我国特殊制度环境下企业避税战略风格形成动因及其对财务政策选择的影响和经济后果进行检验。

第三章　企业避税战略风格形成动因研究

香港中文大学黄德尊教授曾指出，如果要考察公司治理和财务会计等相对具体的问题，就必须对一国的制度和市场环境有较深的认识。这说明我们在展开对企业避税活动、治理和税收监管的讨论时，需要将它们置于我国新兴加转轨经济的特殊治理环境中去。基于此，本章首先结合我国的产品市场竞争环境，尝试从产品市场竞争强度和产品市场竞争战略两个维度，检验产品市场竞争对企业避税战略风格的影响，以探究我国上市公司避税战略风格形成的外在动因。然后结合我国新兴加转轨经济的特殊治理环境，考察我国上市公司治理因素，特别是控股股东（实际控制人）卷入程度（现金流权比例）、控制权与现金流权偏离程度（两权偏离）对公司选择激进或保守的企业避税战略风格具有怎样的影响，以考察上市公司避税战略风格形成的内在动因，明确中国等新兴市场公司治理对企业避税战略的作用机制。

第一节　产品市场竞争对企业避税战略风格的影响

一、概述

最近，企业避税问题在实践和理论研究领域受到越来越多的关注。已有学者开始把避税看作企业的一种非常重要的战略，并对企业避税的影响因素做了大量的研究。而挖掘企业避税的影响因素，有助于识别避税企业的特征以及解析企业避税形成的动因。目前，国内外文献主要从公司财务特征、公司内部治理和公司外部治理机制或治理环境等方面对企业避税的影响因素进行了广泛研究。在公司财务特征方面，Zimmerman（1983）、Graham 和 Tucker（2006）、Hanlon 等（2007）、Wilson（2009）、Lisowsky（2010）等研究发现，公司规模、资产负债率、盈利能力、现金持有水平等公司特征变量对企业避税活动有着重要的影响。在公司内部治理方面，学者主要从股权结构、董事会特征、管理层激励等方面对企业避税影响因素进行了深入研究。在股权结构方面，Desai 和 Dharmapala（2006）、Chen 等（2010）、Mcguire（2010）、刘华等（2007）均发现所有权结构安排影响着企业避税行为。在董事会特征方面，Lanis 和 Richardson（2011）、Moore（2012）、Armstrong 等（2013）、Richardson 等（2013，2014）发现董事会中外部董事和独立董事比例及构成对企业避税活动有着显著的影响。在管理层激励方面，Phillips（2003）、Hanlon 等（2007）、Rego 和 Wilson（2008）、王跃堂等（2009）研究发现管理层激励报酬与企业避税之间存在正向关系。而 Desai 和 Dharmapala（2006）、Armstrong 等（2010）、刘华等（2010）却发现管理者激励报酬与企业避税之间存在显著的负向关系。在公司外部治理机制或治理环境方面，学者主要从机构投资者持股、外部审计治理、政治关联等方面对企业避税影响因素进行了深入研究。在机构投资者持股方面，Moore（2012）、Khurana 和 Moser（2013）、陈冬和唐建新（2012a）发现机构投资者持股比例越高，企业避税程度越低。在外部审计治理方面，Sikka 和 Hampton（2005）、Freise 等（2008）、Sikka（2010）、Moore（2012）、Mcguire 等（2012）、Richardson 等（2013）、金鑫和雷光勇（2011）发现外部审计治理中审计委员会规模、审计师行业专长、四大审计和外部审计独立性对企业避税活动有着显著的影响。在政治关联方面，Cai 和 Liu（2009）、Kim 和 Zhang（2013）、罗党论和魏翥（2012）、李维安和徐业坤（2013）均发现与非政治关联企业相比，政治关联企业的避税行为更为激进。

纵观现有文献，尽管学者对企业避税的影响因素做了较为广泛的研究，但对产品市场竞争是如何影响企业避税活动的研究还非常鲜见。基于此，本节采用我国沪深股票市场 2008～2013 年的所有 A 股上市公司为研究样本，尝试从产品市场竞争强度和产品市场竞争战略两个维度，检验产品市场竞争对企业避税战略风格的影响，试图发现产品市场竞争是否以及如何影响企业避税活动的经验证据。研究结果表明：产品市场竞争对企业避税战略风格有着重要的影响。具体来说，产品市场竞争越激烈，企业避税的程度越高，企业避税战略风格越趋于激进；与防御型竞争战略相比，采取进取型竞争战略的企业将实施更为激进的避税战略与同行业内的企业进行竞争，以获取竞争优势。

相比现有文献，本节的贡献与创新主要体现在以下几个方面：其一，首次从产品市场竞争环境的视角考察产品市场竞争对企业避税战略风格的影响，不仅丰富了企业避税的影响因素的研究成果，而且为理解上市公司避税战略风格形成的外在动因提供了一个新的视角；其二，不仅考察了产品市场竞争强度对企业避税战略风格的影响，还考察了产品市场竞争战略对企业避税战略风格的影响，为我们理解产品市场竞争对企业避税的影响机理提供了新的证据。

二、理论分析与研究假设

1. 产品市场竞争强度与企业避税战略风格

企业避税产生的现金节余可以看作从税务机关转移到企业的一部分现金流，它增加了企业预期的未来现金流量（Lambert et al.，2007）。然而，新近从委托代理框架出发，研究企业避税行为的文献却发现，企业避税也并不一定会增加企业预期的未来现金流量。一方面，企业避税会引发代理问题。Desai 和 Dharmapala（2006）以及 Desai 等（2007）研究发现企业避税与掏空行为是互补的，导致管理者能够通过从事避税活动向股东寻租。如果企业避税增加了管理者对企业资产的侵占，那么将降低企业预期的未来现金流量。另一方面，企业避税会加剧企业信息的不对称。企业避税行为增加了企业信息环境的不透明度（Balakrishnan et al.，2011），损害了企业会计信息质量，从而增加了企业未来现金流的不确定性。因此，基于委托代理理论可以看出，企业避税活动本身就包含着严重的代理问题，并且企业避税战略风格越激进，其代理问题也就越严重。而产品市场竞争作为一种有效的外部治理机制可以改善股东与管理者之间的信息不对称，提高经理人努力的边际产出，减少经理人的机会主义行为，从而有助于降低经理与股东之间的代理成本。因此，产品市场竞争通过约束机制大大降低了企业避税中的代理问题，产品市场竞争的"治理效应"发挥作用。

上述分析着重强调了产品市场竞争的外部治理机制和信息机制对企业避税战略风格的影响，忽略了产品市场竞争对企业本身盈利能力以及对风险缓冲能力的影响。一般来说，处于竞争激烈行业的公司往往盈利微薄，其风险缓冲能力相对较小。相反，处于垄断性行业的公司，往往能够获取超额利润，因而其具有较强的风险缓冲能力。因此，当公司在遭遇意外的需求下降或者整体经济下行的风险时，与垄断性行业的公司相比，竞争性行业将更有动力选择较为激进的企业避税活动，以应对盈利能力下滑和风险缓冲问题，从而保证公司的正常运转，实现企业短期价值最大化。据此，我们有理由预期，产品市场竞争越激烈，企业避税的程度越高，企业避税战略风格越趋于激进。

假设 3.1　在其他条件相同的情况下，企业避税的程度越高，企业避税战略风格越趋于激进。

2. 产品市场竞争战略与企业避税战略风格

进取型战略和防御型战略是产品市场上企业为获取竞争优势而采取的两大典型战略方式。一般而言，进取型战略的企业往往会更加注重创新，致力于产品的开发与创新，并不断改进其产品和拓展市场。这类企业往往在不确定的市场环境中茁壮成长，并通过不断捕捉市场中的新机会而获得成功。因此，进取型战略企业往往能够承受较大的风险和比较适应不确定性的市场环境。相反，防御型战略的企业往往注重成本控制与市场环境的确定性，他们往往拥有比较单一的产品结构和相对稳定的组织结构，不愿意承受较大的风险，并且不太适应不确定性的市场环境。事实上，不同竞争战略的选择会对企业避税战略风格的形成产生重要影响。具体来说，进取型战略企业注重创新，在不断变化的市场环境中开发新产品和市场的同时有了更多的税收筹划的机会。此外，有着较强风险偏好的进取型战略企业选择具有较高风险的避税战略风格（即激进的企业避税战略风格）也符合他们对风险偏好的预期。而防御型战略企业出于对风险的厌恶限制了他们进行税收筹划的机会。另外，开发新产品和市场中的不确定性也减少他们进行税收筹划的机会。因此，厌恶风险和不确定性行为的防御型战略企业可能更倾向于选择具有较低风险的避税战略风格，即保守的企业避税战略风格。

假设 3.2　在其他条件相同的情况下，与防御型竞争战略相比，采取进取型竞争战略的企业将实施更为激进的避税战略与同行业内的企业进行竞争，以获取竞争优势。

三、研究设计

1. 实证模型

本节的研究思路是，首先以企业避税战略风格作为被解释变量，对产品市场竞争强度和相关控制变量进行回归，考察产品市场竞争强度对企业避税战略风格的影响。然后，以企业的产品市场竞争战略 STRATEGY 作为被解释变量，在控制相关变量的情况下对企业避税战略风格进行回归，考察产品市场竞争战略对企业避税战略风格的影响。

（1）产品市场竞争强度与企业避税战略风格关系模型的建立。

$$\text{TAX}_{i,t}=\beta_0+\beta_1\text{CS}_{i,t}+\sum\text{CONTROL}_{i,t}+\sum\text{INDUSTRY}+\sum\text{YEAR}+\nu_{i,t} \quad (3.1)$$

模型（3.1）中，被解释变量 $\text{TAX}_{i,t}$ 为 i 公司 t 年度避税战略风格变量，$\text{CS}_{i,t}$ 为 i 公司 t 年度的产品市场竞争强度。CONTROL 是一组影响企业避税的控制变量。此外，我们在模型中加入了行业变量 INDUSTRY 和年度变量 YEAR，以充分考虑行业效应和年度效应。

（2）产品市场竞争战略与企业避税战略风格关系模型的建立。

$$\text{TAX}_{i,t}=\beta_0+\beta_1\text{STRATEGY}_{i,t}+\sum\text{CONTROL}_{i,t}+\sum\text{INDUSTRY}+\sum\text{YEAR}+\nu_{i,t} \quad (3.2)$$

模型（3.2）中，被解释变量 $\text{TAX}_{i,t}$ 为 i 公司 t 年度避税战略风格变量，$\text{STRATEGY}_{i,t}$ 为 i 公司 t 年度的产品市场竞争战略。CONTROL 是一组影响企业避税的控制变量。同样，我们在模型中也加入了行业变量 INDUSTRY 和年度变量 YEAR，以考虑行业效应和年度效应。

2. 变量定义

（1）被解释变量（企业避税战略风格）。国内外对企业避税指标的衡量一般分为两类，其一是企业的实际所得税率及其变体，其二是企业会计-税收差异及其变体。本书将采用第二种方法来刻画企业避税战略风格，用账面会计-税收差异和可操纵性会计-税收差异来衡量企业避税战略风格。其中，账面会计-税收差异

（BTD）=（税前会计利润－应纳税所得额）/期末总资产。可操纵性会计-税收差异（DDBTD）为会计-税收差异中不能被盈余管理所解释的那部分（Desai and Dharmapala，2006）。该指标可以通过下列模型求残差得到。$BTD_{i,t}=\alpha$ TACC$+\mu_i+\xi_{i,t}$，其中 TACC 为总应计利润，等于（净利润－经营活动产生的净现金流）/总资产。一般来说，账面会计-税收差异（BTD）和可操纵性会计-税收差异（DDBTD）这两个指标数值越大，企业避税战略风格越趋激进。

（2）解释变量（产品市场竞争强度和产品市场竞争战略）。对产品市场竞争强度指标，已有研究往往采用单一指标进行衡量。为了克服单一指标的局限性，本书以营业利润率、存货周转率、应收账款周转率作为产品市场竞争的替代变量，并对其取倒数将其变为正指标，然后，利用主成分法，将主成分因子中特征根大于 1 的前 2 个主成分因子合成一个指标，该指标越大，说明产品市场竞争越激烈。

为了区分产品市场竞争战略类型，我们构建 STRATEGY 这个合成指标作为产品市场竞争战略的替代指标。借鉴 Bentley（2013）的研究，我们依据如下五个指标来构建产品市场竞争战略 STRATEGY：①研发强度（研发支出/营业收入）；②员工密集度（雇员人数）/营业收入）；③营业收入增长率；④销售费用与管理费用的总和与营业收入的比率；⑤员工离职率（离职雇员人数/［（期初雇员人数+期末雇员人数）/2］）。上述五个指标从不同方面反映了产品市场竞争战略。研发强度反映了寻求开发新产品的倾向。由于进攻型战略专注于创新活动，与防御型战略相比，可以预期进攻型战略有着更高的研究开发费用。员工密集度反映了企业生产产品、提供劳务的效率。由于防御型战略专注于组织效率，可以预期防御型战略每一元人民币的销售有着更少的雇员。营业收入增长率是反映企业成长性的替代变量。Ittner 等（1997）研究发现与防御型战略相比，进攻型战略有着更多的成长机会。销售费用与管理费用的总和与营业收入的比率反映了企业对广告与销售的重视程度。一般来说，实施进攻型战略的企业需要花费更多的时间去激发顾客的购买欲望，因而与防御型战略相比，可以预期实施进攻型战略的企业需要花费更多的销售和管理费用。员工离职率能成为反映产品市场竞争战略的一个指标是因为 Miles 和 Snow（1978）发现，实施防御型战略企业的雇员往往有更为冗长的任期，并且晋升通常来自公司内部雇员。因此，实施防御型战略企业的员工离职率通常比较低。为了构建产品市场竞争战略STRATEGY，本书以研发强度、员工密集度、营业收入增长率、销售费用与管理费用的总和与营业收入的比率、员工离职率作为产品市场竞争战略STRATEGY的替代变量，利用主成分法，将主成分因子中特征根大于1的主成分因子合成一个指标，该指标越大，说明企业实施的是进攻型战略，反之，则是防御型战略。

（3）控制变量。由于企业避税受众多因素的影响，在实证过程中需要纳入考虑，因此在实证研究模型中还引入了控制变量。国内外已有的大量实证研究，发现企业规模、资本结构和盈利能力对企业避税存在着较大的影响。因此，在本书中将企业规模（SIZE）、资本结构（LEV）和盈利能力（ROA）作为控制变量。企业规模（SIZE）定义为总资产的自然对数，资本结构（LEV）定义为负债与总资产的比率，盈利能力（ROA）定义为总资产收益率。

3. 样本选取

本节使用中国沪深股票市场2008～2013年共6年的所有A股上市公司为研究对象，并按下列条件进行了筛选：①剔除了金融、保险类上市公司；②剔除ST类公司、被停止上市的公司；③剔除部分数据不全的公司。此外，为消除极端异常值的影响，我们对主要处于0～1%和99%～100%的极端值样本进行剔除。经过筛选后，本书最终得到了8436个年度观察值。本节所使用的主要财务数据均来自Wind资讯-金融终端。

四、实证结果与分析

1. 描述性统计

表3.1提供了本节各主要变量的描述性统计分析。从表3.1可以看到，产品市场竞争程度(CS)均值为–0.023，标准差为0.514，最小值为–4.659，最大值为15.235，说明不同上市公司之间的竞争程度差异很大。产品市场竞争战略（STRATEGY）

均值为 0.637，标准差为 1.321，最小值为 0.149，最大值为 0.942，说明不同上市公司之间的竞争战略有着较大差异。如果以均值为衡量标准，那么有大约 64%的上市公司实行防御型竞争战略，只有不到 36%的上市公司实行进取型竞争战略。公司避税战略风格的会计–税收差异指标（BTD）数值最小为–0.631，最大为 0.718，可操控性会计–税收差异指标（DDBTD）数值最小为–0.832，最大为 0.467，说明不同公司之间的避税战略风格存在较大的差异。

表 3.1　变量的描述性统计分析

变量	观测值	均值	标准差	最小值	最大值
CS	8436	–0.023	0.514	–4.659	15.235
STRATEGY	8436	0.637	1.321	0.149	0.942
BTD	8436	–0.015	0.089	–0.631	0.718
DDBTD	8436	0.003	0.105	–0.832	0.467
SIZE	8436	21.304	1.285	16.459	25.973
LEV	8436	0.482	3.154	0.062	0.896
ROA	8436	0.094	0.106	–0.535	0.487

2. 产品市场竞争强度与企业避税战略风格

产品市场竞争强度衡量了公司所处行业的竞争程度以及行业内所处的竞争地位，反映的是一种外部竞争环境。在面临不同的外部竞争环境时，企业由于自身所处行业的特质以及在行业内所处的竞争地位，在面对需求下降的风险时，拥有不同的风险缓冲能力，因此，企业避税战略也不尽相同，管理层的企业避税动机强弱程度自然也会受到相应的影响。因此，基于产品市场竞争环境的角度检验产品市场竞争强度对上市公司避税战略风格的影响有助于明确我国上市公司避税战略风格形成的外在动因。

表 3.2 列示了产品市场竞争强度与企业避税战略风格之间的回归结果。其中，栏 i 是以 BTD 为因变量的回归结果，栏 ii 是以 DDBTD 为因变量的回归结果。从表 3.2 Panel A 中栏 i 可以看出，产品市场竞争强度（CS）与 BTD 呈显著正相关关系，也就是说竞争性越强，企业避税的程度越高，企业避税战略风格越趋于激

进。产品市场竞争的公司治理效应并未发挥显著作用，具体原因有两个方面：一方面，由于缓冲能力的差异，处于竞争激烈行业的公司，由于价格竞争或产量竞争导致公司的盈利微薄，风险缓冲能力相对较小，因此，竞争性行业将从事更多的企业避税活动以应对利润下降的冲击；另一方面，激烈的竞争环境使得经理人在面对利润大幅下降的困境时，有更强烈的动机采用激进的避税行为，增加公司收益，以操纵股价，或者获得投资人股权投资和债权人贷款的目的，保证公司在短期的正常运转，从而达到实现企业短期价值最大化的目的。该结果支持了假设。Panel B 中栏 ii 同样是采用可操控性会计-税收差异（DDBTD）作为避税战略风格变量的回归结果，其结果与 Panel A 的回归结果基本一致，同样支持研究假设 3.1。

表 3.2　产品市场竞争强度与企业避税战略风格之间的回归结果

变量	Panel A 以 BTD 为因变量	Panel B 以 DDBTD 为因变量
	（i）	（ii）
截距项	0.256*** （3.145）	0.213** （2.158）
CS	0.012*** （2.763）	0.009** （2.232）
SIZE	0.008*** （5.127）	0.006*** （4.139）
LEV	−0.022*** （−2.953）	−0.016*** （−2.918）
ROA	0.157*** （4.192）	0.192*** （3.438）
IND/YEAR	控制	控制
N	8436	8436
Adj_R^2	0.087	0.064
F	47.219	34.258

注：表中数据为各自变量的回归系数，括号内数值为异方差稳健标准误，***，**和*分别表示双尾 t 检验在 1%，5%和 10%的水平上统计显著。

3. 产品市场竞争战略与企业避税战略风格

竞争强度作为产品市场竞争最基本的一个维度对企业避税战略风格有着重要的影响。在研究了此问题之后，需要进一步探讨的问题是产品市场竞争是否还存在其他维度也对企业避税战略风格有着显著的影响。这将对我们理解产品市场竞争影响企业避税战略风格的内在机理提供有益的帮助。为此，表 3.3 提供了产品市场竞争战略与企业避税战略风格（模型（3.2））的检验结果。从表 3.3 Panel A 中栏 i 可以看出，该回归方程的 F 值为 57.391，在 1%水平下高度显著，且调整后的拟合优度为 0.102，说明模型整体上比较显著。产品市场竞争战略 STRATEGY 的系数在 1%水平上显著为正，相关系数为 0.307，这说明与防御型竞争战略相比，采取进取型竞争战略的企业将实施更为激进的避税战略与同行业内的企业进行竞争，以获取竞争优势。表 3.3 Panel B 中栏 ii 是采用可操控性会计-税收差异（DDBTD）作为企业避税战略风格替代变量的回归结果，其与表 3.3 Panel A 中栏 i 中结果基本一致，同样支持研究假设 3.2。

表 3.3　产品市场竞争战略与企业避税战略风格的检验结果

变量	Panel A 以 BTD 为因变量	Panel B 以 DDBTD 为因变量
	（i）	（ii）
截距项	0.183*** （3.109）	0.214** （2.215）
STRATEGY	0.307*** （3.384）	0.328*** （3.219）
SIZE	0.002*** （4.269）	0.002*** （4.337）
LEV	−0.001*** （−3.147）	−0.003*** （−3.476）
ROA	0.004*** （3.106）	0.009*** （3.652）
IND/YEAR	控制	控制
N	8436	8436
Adj_R^2	0.102	0.095
F	57.391	48.539

注：表中数据为各自变量的回归系数，括号内数值为异方差稳健标准误，***，**和*分别表示双尾 *t* 检验在 1%，5%和 10%的水平上统计显著。

4. 稳定性检验

为了确保研究结论的可靠性，我们还进行了如下稳健性测试。

（1）借鉴 Chen 等（2010）的研究，我们使用 Probit 回归方法对如下企业避税概率模型进行实证检验，以获得公司是否避税的比率值，然后将该值代入到模型中重新进行回归。

$$\mathrm{DUM\_TAX}_{i,t} = \alpha_0 + \alpha_1\mathrm{SIZE}_{i,t} + \alpha_2\mathrm{LEV}_{i,t} + \alpha_3\mathrm{ROA}_{i,t} + \alpha_4\mathrm{GROWTH}_{i,t} + \alpha_5\mathrm{CF}_{i,t} + \sum\mathrm{IND} + \sum\mathrm{YEAR} + \varepsilon_{i,t}$$

其中，DUM_TAX 是企业避税程度的虚拟变量，当企业避税程度大于样本中位数时，DUM_TAX 取 1，否则为 0。

（2）对于产品市场竞争强度指标，我们借鉴李维安和韩忠雪（2013）方法，将赫芬德尔指数（HHI）作为产品市场竞争强度的替代变量。

（3）对于产品市场竞争战略 STRATEGY 指标，我们对研发强度、员工密集度、营业收入增长率、销售费用与管理费用的总和与营业收入的比率和员工离职率五个指标在每一个行业年度内按五分位数进行排列，每一个指标的最高五分位数得分值为 5，次一级五分位数得分值为 4，依次类推，最低五分位数得分值为 1。那么，在每一个行业年度，我们汇总五个指标的最大产品市场竞争战略 STRATEGY 指标值为 25，最小指标值为 5。较高的产品市场竞争战略 STRATEGY 指标值代表的是实施进取型战略的企业，而较高的产品市场竞争战略 STRATEGY 指标值代表的是实施防御型战略的企业。

在对本节的模型（3.1）和模型（3.2）进行重新回归后，我们发现研究结果并没有发生实质性的变化，因此，本书的研究结论是可靠的。限于篇幅，结果不予赘述。

五、研究结论

尽管国内外学者对企业避税的影响因素做了较为广泛的研究，但对产品市场竞争如何影响企业避税活动以及企业避税战略风格形成的外部动因的研究还非常少见。基于此，本节采用我国沪深股票市场 2008～2013 年的所有 A 股上市公司为研究样本，尝试从产品市场竞争强度和产品市场竞争战略两个维度，检验产品市场竞争对企业避税战略风格的影响，试图发现产品市场竞争是否以及如何影响企业避税活动的经验证据。

研究发现：产品市场竞争对企业避税战略风格有着重要的影响。具体来说，产品市场竞争越激烈，企业避税的程度越高，企业避税战略风格越趋于激进；与防御型竞争战略相比，采取进取型竞争战略的企业将实施更为激进的避税战略与同行业内的企业进行竞争，以获取竞争优势。

本节的研究发现丰富了企业避税理论，为理解企业避税的影响因素提供了一个新的重要视角；同时，本节的研究结论为我们理解上市公司避税战略风格形成的外在动因提供了一个新的视角。

第二节　终极控股股东卷入、两权分离与企业避税战略风格

一、概述

现有有关企业避税的研究主要以股权分散治理模式下股东与管理者之间的第一类代理问题为逻辑基础，从管理者自利角度对企业避税的形成动因进行了深入的理论分析与实证检验。研究发现，机会主义的管理者倾向于利用复杂不透明的避税交易掩盖或实施自利行为，从而达到其攫取个人私利的目的（Cheng and Warfield，2005；Desai and Dharmapala，2006；Desai et al.，2007）。然而，近二十年来，世界范围内越来越多的经验研究表明大多数公司中存在着控制性股东（La Porta et al.，1999）。在股权集中的治理模式下，由于公司所有权和控制权性质差异所导致的现金流权和控制权分离，处于控制地位的大股东在同外部中小股东按持股比例共享现金流收益的同时，基于参与监督回报（Shleifer and Vishny，1986）、控制权经济价值索取（Barclay and Holderness，1989）等多角利益的驱动，通常会采用金字塔式的股权结构获取并独占大幅超过现金流价值的控制性经济资源（Claessen et al.，2002），以攫取高于其所持股份比例的额外收益，即控制权私有收益。Demsetz 和 Lehn（1985）、Shleifer 和 Vishny（1997）、Pagano 和 Roel（1998）均发现控股股东通过内部转移定价、非公允关联交易等手段将资源从公司向控制性股东转移，攫取高于其所持股份比例的额外收益，即控制权私有收益的证据。在我国，谷祺等（2006）研究也发现，中国民营上市公司的终极控制人大多采用

金字塔控股方式，以便用较小的现金流权获得较大的公司控制权。这样的股权制度安排和控制权模式，客观上为大股东通过资本投资、关联交易等方式获取控制性资源，攫取控制权利益创造了条件。在这种背景下，终极控股股东是否可以通过实施激进的避税活动来获取控制权私利呢？这是一个亟须研究的问题。

基于此，本节从第二类代理问题和终极控制权理论出发，以中国沪深股票市场 2008～2013 年的民营上市公司为样本进行实证检验：①终极控股股东卷入程度、控制权与现金流权偏离程度对上市公司选择激进或是保守的避税战略具有怎样的影响？②激进的避税战略是否为终极控股股东获取控制权私利创造了条件，从而损害了公司的业绩和降低公司的价值？检验结果表明：①终极控股股东卷入程度越低、控制权与现金流权偏离程度越高，上市公司避税战略风格越趋向于激进；②避税战略风格越趋向于激进，上市公司终极控股股东实施攫取控制权私利的掏空行为的可能性越大，这将显著损害公司的业绩和降低公司的价值。

相比现有文献，本节的贡献与创新主要体现在以下几个方面：其一，首次从终极控制权的视角考察终极控股股东卷入程度、控制权与现金流权偏离程度对民营上市公司避税战略风格的影响，为理解民营上市公司避税战略风格的形成动因提供了一个新的视角；其二，基于上市公司终极控股股东掏空的视角考察避税战略风格的经济后果，为我们理解避税战略风格影响公司价值或业绩的作用机理提供了新的证据，进而为提供有针对性的管理建议提供了一个新的思路。

本节其他部分安排如下：第二部分为理论分析与研究假设；第三部分为样本选择与研究设计；第四部分为实证结果与分析；第五部分为研究结论及启示。

二、理论分析与研究假设

1. 终极控股股东卷入程度与避税战略风格

La Porta 等（1999）通过对全球最发达的 27 个经济体国家上市公司的股权结构的研究发现，除美、英、日等国，其余国家大多存在终极控制股东，并且这些国家大多是以家族为主要的控制形态。家族企业控股股东财富比较集中，难以通过分散投资降低风险，因而卷入程度较高的家族企业控股股东有动力采取各种方式长时间地监督经理人（Fama and Jensen，1983），这将有效地降低股东与经理人之间的代理成本。正是在这种积极监管效应的作用下，公司行为更加符合控股股东的利益，公司价值也得到了较大幅度的提升。例如，Maury（2006）、Villalonga 和 Amit（2006）的研究就发现，家族控股股东掌握的现金流权越多，公司的价值也就越大，其监管效应也就越激烈。

与大多数经济体国家相同，我国家族上市公司的股权比较集中，也存在较高的家族控制现象。国内基于终极控制权的理论与实证研究表明，我国家族上市公司终极控股股东的现金流权越高，控股股东使用债务融资扩大其可掌控的资源，以便进行攫取行为的动机也就越弱（苏坤和杨淑娥，2009），公司价值也就越高（许永斌和彭白颖，2007）。

以上理论与经验研究表明，当终极控制股东的现金流权较高时，对其的激励效应也较强，终极控制股东的利益与公司整体利益将趋于一致；相反，终极控制股东在保持控制权的前提下，现金流权越低，终极控制股东损害中小股东利益的动机也就越强烈，代理冲突也就越激烈。据此，我们有理由认为，终极控股股东卷入程度越低，即控股股东的现金流权越低，控股股东也就越倾向于卷入高风险的激进的避税战略以获取更多的控制权私利。

假设 3.3　在其他条件相同的情况下，终极控股股东卷入程度越低，上市公司的避税战略风格越趋向于激进。

2. 终极控股股东控制权与现金流权偏离与避税战略风格

La Porta 等（1999）的研究还发现终极控股股东常常通过金字塔结构、交叉持股和双重股权来构建一个复杂的控制链，将控制权与现金流权相偏离，使其可以以较小的现金流权获取对上市公司的控制权。这意味着，控股股东以较少的资金投入就能控制上市公司较多的资本，使其有动机攫取中小股东的利益。并且，随着终极控制股东控制权与现金流权偏离程度的增加，其攫取动机更加强烈。例如，Yeh 和 Woidtke（2005）研究发现，在家族控股股东控制权与现金流权严重偏离的情况下，控股股东实施攫取行为的隧道效应动机也就更加强烈。

同时，注意到在投资者保护程度较弱的我国民营企业，股权高度集中且普遍采用金字塔结构控股，控制权与现金流权偏离现象十分严重，公司治理的主要问题也逐渐由股权分散治理模式下股东与管理者之间的第一类代理问题转变成为基于股权集中治理模式下控股股东与小股东之间的第二类代理问题。在这种情况下，控股股东行为主要表现为隧道效应，公司价值也就较低。例如，许永斌和彭白颖（2007）研究发现，我国民营上市公司最终控制股东控制权与现金流权的偏离程度越高，公司业绩也就越差。苏坤和杨淑娥（2009）研究发现，控股股东控制权与现金流权分离的民营上市公司，终极控制股东倾向于债务融资，扩大其可掌控的资源，以便进行攫取行为。并且，他们发现两权分离程度越大，这种隧道效应动机也就越强。

因此，控股股东控制权与现金流权偏离程度越高，控股股东越倾向于卷入高风险的激进的避税战略以获取更多的控制权私利。

假设 3.4　在其他条件相同的情况下，控股股东控制权与现金流权偏离程度越高，上市公司的避税战略风格越趋向于激进。

3. 避税战略风格与大股东掏空

避税领域关于避税战略的研究主要集中于避税战略风格与当期和未来公司价值或业绩之间的关系（Hanlon and Slemrod，2009；Wilson，2009；Desai and Dharmapala，2009），较少有实证研究考察避税战略风格对大股东掏空指标的影响。尽管企业可以通过实施激进的避税战略来增加公司未来的现金流量、提升公司价值，但新近从企业避税代理观出发的文献却发现，激进的避税战略会引发代理问题（Chen and Chu，2005）。被代理问题左右且掌握自由现金流的管理者，更有动机对激进避税战略所带来的现金流量实施利益侵占。而在我国民营控股的上市公司中，股权高度集中，控股股东掌握了公司的控制权，被第二类代理问题左右的控股股东可以轻易地通过任命管理者并控制公司纳税决策。控股股东同样有动机对激进避税战略所带来的现金流量进行利益侵占以攫取控制权私利。

因此，可以合理预期，上市公司的避税战略风格越激进，控股股东凭借其控制权通过资金占用攫取控制权私利的动机越强烈。由此，我们提出本节的研究假设 3.5。

假设 3.5　在其他条件相同的情况下，上市公司的避税战略风格越激进，控股股东实施攫取控制权私利的掏空行为的动机越强烈。

三、样本选择与研究设计

1. 样本与数据

本节使用中国沪深股票市场2008～2013年共6年的所有民营上市公司为研究对象，并按下列条件进行了筛选：①剔除了金融、保险类上市公司；②剔除 ST 类公司、被停止上市的公司；③剔除部分数据不全的公司。此外，为消除极端异常值的影响，我们对主要处于 0～1%和 99%～100%的极端值样本进行剔除。经过筛选后，本书最终得到了 2769 个年度观察值。本节所涉及的终极控股股东卷入、控制权和现金流权数据来自 CSMAR 中国上市公司治理结构研究数据库；公司财务数据均来自 Wind 资讯-金融终端。

2. 研究模型

（1）终极控股股东卷入与避税战略风格。为考察终极控股股东卷入对避税战略风格的影响，本书构建如下回归模型：

$$\mathrm{TAX}_{i,t}=\alpha_0+\alpha_1\mathrm{CR}_{i,t}+\alpha_c\mathrm{CONTROL}_{i,t}+\sum\mathrm{IND}+\sum\mathrm{YEAR}+\varepsilon_{i,t} \tag{3.3}$$

模型（3.3）中，被解释变量 $\mathrm{TAX}_{i,t}$ 为 i 公司 t 年度避税战略风格变量，$\mathrm{CR}_{i,t}$ 为 i 公司 t 年度终极控股股东在上市公司拥有的现金流权比例。根据 α_1 的符号与显著性可以推断本书假设 3.3 是否成立。

（2）终极控股股东控制权与现金流权偏离与避税战略风格。为考察终极控股股东控制权与现金流权偏离对避税战略风格的影响，本书构建如下回归模型：

$$\mathrm{TAX}_{i,t}=\beta_0+\beta_1\mathrm{SR}_{i,t}+\beta_c\mathrm{CONTROL}_{i,t}+\sum\mathrm{IND}+\sum\mathrm{YEAR}+\varepsilon_{i,t} \tag{3.4}$$

模型（3.4）中，被解释变量 $\mathrm{TAX}_{i,t}$ 为 i 公司 t 年度避税战略风格变量，$\mathrm{SR}_{i,t}$ 为 i 公司 t 年度终极控股股东控制权与现金流权偏离程度。根据 β_1 的符号与显著性可以推断本书假设 3.4 是否成立。

（3）避税战略风格与大股东掏空。本书假设控股股东有动机对激进避税战略所带来的现金流量进行利益侵占以攫取控制权私利，激进的避税战略将导致大股东掏空行为更为显著。因此，本书构建如下回归模型验证该部分假设。

$$\text{OCCUPPY}_{i,t}=\beta_0+\eta_1\text{TAX}_{i,t}+\eta_c\text{CONTROL}_{i,t}+\sum\text{IND}+\sum\text{YEAR}+\varepsilon_{i,t} \quad (3.5)$$

模型（3.5）中，被解释变量 OCCUPY 为大股东掏空变量，用其他应收款占总资产的比来替代，$\text{TAX}_{i,t}$为 i 公司 t 年度避税战略风格变量。根据 η_1 的符号和显著性可以推断假设 3.5 是否成立。

3. 变量说明

本节所用研究变量的具体设计方法如表 3.4 所示。

表 3.4　变量说明

变量名称		代码	变量说明
解释变量	控股股东卷入	CR	为控股股东所拥有的现金流权比率
	两权偏离程度	SR	控股股东控制权与现金流权偏离程度等于控股股东控制权比例与现金流权比例之比
因变量	避税战略风格 TAX	BTD	账面会计税收差异=（税前会计利润－应纳税所得额）/期末总资产
		DDBTD	可操纵性会计税收差异，为会计税收差异中不能被盈余管理所解释的那部分（Desai and Dharmapala，2006）。该指标可以通过下列模型求残差得到。$\text{BTD}_{i,t}=\alpha\,\text{TACC}+\mu_i+\xi_{i,t}$，其中 TACC 为总应计利润，等于（净利润－经营活动产生的净现金流）/总资产
	大股东掏空	OCCUPPY	为其他应收款占总资产的比例
控制变量	财务杠杆	LEV	资产负债率，为负债与总资产的比率
	盈利能力	ROA	为总资产收益率
	企业规模	SIZE	为总资产的自然对数

四、实证结果与分析

1. 描述性统计

表 3.5 提供了本书各主要变量的描述性统计分析。从表 3.5 可以看到，我国民

营上市公司的终极控股股东卷入程度 CR 平均为 26.9%，控制权与现金流权偏离程度 SR 平均为 1.638。这表明我国民营上市公司通过金字塔式的股权结构造成了现金流权与控制权的分离，平均而言，终极控制股东要掌握 1.638 单位的投票权，只需要向上市公司投入 1 个单位的现金流，也就是只需要承担 1 个单位的经营收益和风险。衡量公司避税战略风格的会计-税收差异指标（BTD）数值最小为–0.428，最大为 0.425，可操控性会计-税收差异指标（DDBTD）数值最小为–0.751，最大为 0.329，说明不同公司之间的避税战略风格存在较大的差异。大股东掏空变量（OCCUPPY）的平均值为 0.026，这说明上市公司大股东资金占用额占总资产的比例平均为 2.6%左右。本节其他控制变量的描述性统计特征与现有文献基本一致，在此不作赘述。

表 3.5　变量的描述性统计分析

变量	观测值	均值	标准差	最小值	最大值
CR	2769	0.269	0.157	0.002	0.782
SR	2769	1.638	1.325	1.000	9.147
BTD	2769	−0.012	0.077	−0.428	0.425
DDBTD	2769	0.000	0.071	−0.751	0.329
OCCUPPY	2769	0.026	0.055	0.000	0.137
SIZE	2769	21.288	1.165	16.939	25.056
LEV	2769	0.549	1.074	0.007	0.419
ROA	2769	0.053	0.078	−0.428	0.425

2. 终极控股股东卷入、控制权与现金流权偏离与避税战略风格

为什么有的民营上市公司倾向于实施过度激进的避税战略？而有的民营上市公司则更倾向于选择相对保守的避税战略呢？由于我国民营上市公司股权较为集中，终极控股股东可以通过金字塔结构以较小的现金流权获取对上市公司的控制权。公司治理的主要问题表现为控股股东与中小股东之间的第二类代理问题。因此，基于股权第二类代理问题和终极控制权理论检验终极控股股东卷入、控制权与现金流权偏离对上市公司避税战略风格的影响有助于明确我国民营上市公司避税战略风格的形成动因。

表 3.6 提供了模型（3.3）、模型（3.4）的回归结果。其中，栏 i、栏 ii 和栏 iii 为模型（3.1）的回归结果，栏 iv、栏 v 和栏 vi 为模型（3.2）的回归结果。从 Panel A 中栏 i 和栏 iii 可以看出，终极控股股东卷入程度（CR）的回归系数在 1%水平下显著为负，表明终极控股股东在上市公司拥有的现金流权比率越低，上市公司避税战略风格越趋向于激进，从而说明终极控股股东卷入程度越低，其与外部投资者之间的利益冲突越大，第二类代理成本较高，故而越倾向于实施具有较高税收惩罚风险的避税战略以侵占上市公司的利益，上市公司的避税战略风格也就显得越为激进。Panel B 中栏 iv 和栏 vi 是采用可操控性会计-税收差异（DDBTD）作为避税战略风格变量的回归结果，我们发现与 Panel A 中的回归基本一致的证据。从 Panel A 中栏 ii 和栏 iii 可以看出，终极控股股东控制权与现金流权偏离程度（SR）的回归系数分别在 5%和 10%水平下显著为正，说明终极控股股东控制权和现金流权偏离程度越大，上市公司避税战略风格越趋向于激进。这表明被第二类代理问题左右的控股股东通过金字塔结构等持股方式使控制权和现金流权严重偏离，不仅可以使其攫取超过现金流权比例的超额收益，而且可以有效地降低其个人应当承担的成本与风险，因而更有动力实施具有较高税收惩罚风险的过度激进的避税战略。Panel B 中栏 v 和栏 vi 同样是采用可操控性会计-税收差异（DDBTD）作为避税战略风格变量的回归结果，其结果与 Panel A 的回归结果基本一致，同样支持研究假设 3.4。

表 3.6 终极控股股东卷入、控制权与现金流权偏离与避税战略风格

变量	Panel A 以 BTD 为因变量			Panel B 以 DDBTD 为因变量		
	(i)	(ii)	(iii)	(iv)	(v)	(vi)
截距项	0.087*** (4.218)	0.089*** (4.432)	0.085*** (4.107)	0.036** (2.326)	0.036** (2.325)	0.037** (2.313)
CR	−0.014*** (−2.726)		−0.009*** (−2.513)	−0.007** (−2.026)		−0.005* (−1.867)
SR		0.005** (2.325)	0.003* (1.993)		0.003** (2.214)	0.002* (2.043)
SIZE	0.005*** (5.310)	0.005*** (5.008)	0.004*** (4.945)	0.003*** (4.217)	0.003*** (4.014)	0.003*** (4.336)
LEV	−0.023** (−2.013)	−0.025** (−2.026)	−0.024** (−2.019)	−0.017* (−1.942)	−0.017* (−1.906)	−0.018* (−1.895)

续表

变量	Panel A 以 BTD 为因变量			Panel B 以 DDBTD 为因变量		
	(i)	(ii)	(iii)	(iv)	(v)	(vi)
ROA	0.258*** (4.630)	0.243*** (4.429)	0.264*** (4.748)	0.231*** (3.530)	0.228*** (3.617)	0.225*** (3.583)
IND/YEAR	控制	控制	控制	控制	控制	控制
N	2769	2769	2769	2769	2769	2769
Adj_R^2	0.126	0.127	0.126	0.091	0.092	0.090
F	96.431	96.118	94.486	56.877	58.144	55.179

注：表中数据为各自变量的回归系数，括号内数值为异方差稳健标准误，***，**和*分别表示双尾 t 检验在1%，5%和 10%的水平上统计显著。

3. 避税战略风格与大股东掏空

在研究了避税战略风格形成的动因之后，需要进一步探讨的问题是，避税战略风格影响公司业绩或价值的内在机理是怎样的？为此，表 3.7 提供了避税战略风格与大股东掏空（模型 3.3）的检验结果。由表 3.7 可见，无论是会计-税收差异（BTD）还是可操控性会计-税收差异（DDBTD）作为避税战略风格的替代变量均与大股东掏空显著正相关，说明激进的避税战略为终极控股股东实施攫取控制权私利的掏空行为创造了条件。这也意味着终极控股股东在为公司实施激进的避税战略的同时也会将避税所带来的大量现金流进行资金侵占，这将损害中小股东的利益，从而对公司业绩或价值造成损害。

表 3.7　避税战略风格与大股东掏空

变量	被解释变量：OCCUPPY	
	(i)	(ii)
截距项	0.184*** (9.412)	0.173*** (8.947)
BTD	0.298*** (2.625)	
DDBTD		0.261** (1.997)
SIZE	−0.008*** (−8.044)	−0.008*** (−8.556)
LEV	0.018*** (17.993)	0.018*** (17.487)

续表

变量	被解释变量：OCCUPPY	
	（i）	（ii）
ROA	0.174*** （4.425）	0.168*** （4.769）
IND/YEAR	控制	控制
N	2769	2769
Adj_R^2	0.175	0.192
F	121.31	135.75

注：表中数据为各自变量的回归系数，括号内数值为异方差稳健标准误，***，**和*分别表示双尾 t 检验在1%，5%和10%的水平上统计显著。

4. 敏感性分析

为了提高研究结论的可靠性，本节进行如下敏感性测试。

（1）借鉴 Chen 等（2010）的研究，我们使用 Probit 回归方法对如下企业避税概率模型进行实证检验，以获得公司是否避税的比率值，然后将该值代入模型中重新进行回归。

$$\begin{aligned}\mathrm{DUM\_TAX}_{i,t} = {} & \alpha_0 + \alpha_1\mathrm{SIZE}_{i,t} + \alpha_2\mathrm{LEV}_{i,t} + \alpha_3\mathrm{ROA}_{i,t} + \alpha_4\mathrm{GROWTH}_{i,t} + \alpha_5\mathrm{CF}_{i,t} \\ & + \sum\mathrm{IND} + \sum\mathrm{YEAR} + \varepsilon_{i,t}\end{aligned}$$

其中，DUM_TAX 是企业避税程度的虚拟变量，当企业避税程度大于样本中位数时，DUM_TAX 取 1，否则为 0。

（2）借鉴 Wang 和 Xiao（2011）的研究，我们使用如下回归模型估计出企业正常的大股东掏空水平，然后，用企业实际的大股东掏空水平与估算的企业正常的大股东掏空之差即（异常应收款）作为大股东掏空的替代变量。

$$\begin{aligned}\mathrm{OCCUPPY}_{i,t} = {} & \alpha_0 + \alpha_1\mathrm{SIZE}_{i,t} + \alpha_2\mathrm{LEV}_{i,t} + \alpha_3\mathrm{ROA}_{i,t} + \alpha_4\mathrm{CR}_{i,t} + \alpha_5\mathrm{SR}_{i,t} \\ & + \sum\mathrm{IND} + \sum\mathrm{YEAR} + \varepsilon_{i,t}\end{aligned}$$

在对本节的模型（3.3）和模型（3.4）进行重新回归后，我们发现研究结果并没有发生实质性的变化，因此，本书的研究结论是可靠的。

五、研究结论及启示

本节基于来自我国沪深股票市场民营上市公司2008～2013年的数据，从第二类代理问题和终极控制权理论的视角，对公司选择激进或是保守的避税战略风格的形成动因，以及避税战略风格影响公司价值的内在机理这两个问题进行了理论分析与实证检验。研究发现：①终极控股股东卷入程度越低、控制权与现金流权偏离程度越高，上市公司避税战略风格越趋向于激进；②避税战略风格越趋向于激进，上市公司终极控股股东实施攫取控制权私利的掏空行为的动机越强烈，这将显著损害公司的业绩和降低公司的价值。

本节研究结论对于上市公司、中小投资者和税务部门的税收征管工作都具有一定的借鉴意义。首先，对于上市公司而言，为了防止终极控股股东利用激进避税活动实施掏空行为而对公司业绩和价值所带来的负面影响，应进一步完善公司治理，形成有效约束控股股东自利行为的治理机制，以期有效避免上市公司盲目卷入激进的避税战略。其次，对于中小投资者来说，选择未来能显著增加公司价值和提升公司业绩的公司进行投资至关重要，因此，除了以往所熟悉的一些反映公司盈利能力的评价指标，企业避税战略风格以及对其存在重要影响的终极控股股东卷入程度、控制权与现金流权偏离程度，也有必要作为判断上市公司未来业绩和价值的补充指标纳入投资决策中来。最后，对于税务部门来说，要改变以往对公司避税行为不加区分，都实行较为严格的税收惩罚政策的做法。税务部门应该对那些实施较为激进避税战略的公司的避税行为进行严格的监管，根据公司避税战略风格对避税活动进行分类管理。这是因为激进避税战略损害了公司业绩和降低了公司的价值，不利于资本市场健康的、可持续的发展，而保守的避税战略却能在一定程度上抑制大股东掏空行为，从而有助于增加公司价值和提升公司业绩。

第三节　本 章 小 结

企业避税活动既受外部市场环境和公司内部制度安排的影响，又会影响国家经济活动和资本市场发展。本章结合我国新兴加转轨经济的特殊治理机制和市场环境，考察我国上市公司治理因素，特别是产品市场竞争、控股股东（实际控制人）卷入程度（现金流权比例）、控制权与现金流权偏离程度（两权偏离）对公司选择激进或保守的企业避税战略风格具有怎样的影响，以考察上市公司避税战略风格形成的动因，明确中国等新兴市场公司治理对企业避税战略的作用机制。研究发现：①产品市场竞争越激烈，企业避税的程度越高，企业避税战略风格越趋于激进，产品市场竞争是我国上市公司避税战略风格形成的外在动因；②终极控股股东卷入程度越低、控制权与现金流权偏离程度越高，上市公司避税战略风格越趋向于激进，终极控股股东的股权结构安排是我国上市公司避税战略风格形成的内在动因。

第四章　企业避税战略风格的经济后果研究

第三章的研究结果表明，我国新兴加转轨经济的特殊治理机制和市场环境为激进的企业避税战略风格形成提供了条件，产品市场竞争是我国上市公司避税战略风格形成的外在动因，而终极控股股东的股权结构安排是我国上市公司避税战略风格形成的内在动因。那么，终极控股股东选择激进的企业避税战略风格对公司财务政策选择又具有着怎样的影响？因此，本章以企业避税的代理理论和信息不对称理论为基础，从公司投资、资本结构、现金持有和薪酬激励决策等方面考察企业避税战略风格对公司财务政策选择的影响，以揭示企业避税战略风格的经济后果。

第一节　企业避税战略风格对资本结构选择的影响

一、概述

税收是国家为了实现其职能凭借其政治权利依法参与单位和个人的分配与再分配形成的一种特定分配关系。对于国家来说，税收是实现财政收入的主要来源，也是国家调控资本市场一种重要的经济杠杆和手段，但是对于企业来说税收减少了企业的现金流。随着我国证券市场的不断发展与完善，我国上市公司的资本结构以及融资行为问题也引起了广泛关注和研究。对于资本结构的研究最早兴起是Modigliani和Miller于1958年提出了“MM定理”。关于避税的研究De Angel和Masulis（1980）证明了非债务税盾的存在，主要是折旧带来的税收抵免代替了负债所带来的税收优惠，减少了对负债的需求。Graham和Tucker（2006）通过分析美国联邦税务署发行的44个补税通知的避税案例，发现当企业参与避税活动时，其债务水平更低。国内学者在考虑税负的问题时发现实际税负高的企业更偏向债权融资，税负低的企业偏向股权融资（冯根福等，2000）。随着我国经济的发展和市场的不断完善，学者在之后的研究中发现非债务税盾与资本结构负相关（冯根福等，2000；肖作平，2003）。

在我国避税问题已经不容忽视，研究企业避税问题可以对完善税法制度、增强企业合理避税意识提供有效帮助。近年来，我国关于企业资本结构的影响因素的研究众多，但是专门针对企业避税与资本结构之间所存在的关系以及债务资本成本在该关系中所发挥的作用研究仍然浅显、分散，没有系统的实证分析，再加上纳税人不再采取明显违背法律的偷逃税方式来减少税负，取而代之的是更为隐蔽、形式上更加合法的避税手段，因此研究企业避税对资本结构的影响有重要意义，本节试图从企业避税与资本结构的关系以及债务资本成本对其影响这一视角出发，以期为企业实现最优资本结构和价值最大化提供一定的理论与实证基础。

二、理论分析与研究假设

1. 企业避税战略风格对资本结构的影响

从修正的MM理论之后，税收对资本结构会造成影响的研究就一直在持续。本书从避税对负债产生的影响从而影响企业的资本结构进行了探讨。那么企业避税是如何影响了负债，从而对资本结构造成影响的？

首先，避税活动可以提高企业目前的现金流量水平。具体而言：企业通过避税活动最直接的经济后果是从利润总额中扣除一种在其他情况下不能税前扣除的费用，可以直接增加企业目前现金流，从而使得公司的流动性增强、收益增长。由融资优序理论可知企业融资时首先考虑内部融资其次债务融资最后股权融资，增加的税前可扣除项目会减少企业对债务的需求，从而影响了企业的资本结构。

其次，避税活动加大了对企业未来利润及现金流的不确定性，所产生的“交易费用效应”增加了企业的融资成本。避税引发的信息不对称及代理问题导致了投资收益的不确定性。由债权人角度考虑，其收益来自于固定的利息收入，风险来自于企业债务违约。信息不对称带来的风险不可规避，债权人为了对自身利益实现保护，会索取更高的风险溢价作为补偿，使得债务融资难度提高。未来现金流的不确定性提高会间接招致税务部门处罚和管理者利益侵占。一方面企业在进行避税活动时通常会构造复杂的交易，例如，实行并购重组或者企业分立、调整成本、关联方交易、收买亏损企业等方式，以合理理由隐藏了企业的问题，使得只有极少数人能够了解公司的真实运营情况，降低了企业信息披露的透明度，加剧了信息不对称。避税行为背后，有受到税务部门的惩罚、公众信任度降低、给管理者提供侵占公司利益的便利等重大风险。Scholes 等（2008）研究中表明了企业参与避税活动将降低其财务报表的可靠性和透明度。另一方面，企业存在的代理问题使得避税能够给企业带来经济利益时，所有者要做出激励让管理者做出有效的税收决策。避税情况下管理层所承担的风险也将增大，其要求的风险回报提高，薪酬契约的有效性被破坏，形成的额外交易费用，增加了融资的难度。随着未来利润的不确定性大幅增加和监控避税行为难度的不断加大，债权人对企业的投资受到了影响，债务融资更难。由以上分析可知企业避税对其资本结构必然产生了影响。

2. 债务资本成本对企业避税战略风格与资本结构关系的影响

在我国，市场经济处于起步阶段，企业更多注重的是关于融资成本问题，其中债务资本成本主要指的是企业利用银行贷款、债券发行以及商业信用等方式进行资金筹集过程中所产生的各种有关运作和偿还成本。权衡理论的观点表明企业最优的资本结构是税收收益与破产成本之间的权衡，使得企业达到一个最优的杠杆水平（Mayers，1984）。负债给企业带来税收优惠的同时破产风险也增大，直到负债所带来的避税收益不能与债务资本成本相抵消时，企业价值反而下降。

债务资本成本越高，运用负债节税的诱因就会减弱，进行避税活动带来更多现金流的动机就会增强。De Angelo 和 Masulis 在其研究中发现企业所得税率的提高或降低将导致企业进行债务融资的动机增加或减少。债务融资成本提高使得企业对于债务融资所付出的代价要增大，虽然债务融资存在税盾作用，但是也增大了财务风险，使得融资更难，企业为了获得足够的资金便更倾向于采用避税来提高现金流、扩充资本。综合上述分析，本书提出如下假设。

假设 4.1 在其他条件不变的情况下，企业避税程度与资本结构负相关，即企业避税战略风格越趋向于激进，资产负债率越低，企业避税与债务融资存在着替代效应。

假设 4.2 在其他条件不变的情况下，债务资本成本对企业避税与资本结构的负向关系有显著的促进作用，即随着债务资本成本的提高，企业避税与债务融资的替代效应增强。

三、研究设计

1. 实证模型

为了验证假设 4.1，构建模型如下：

$$\mathrm{LEV}=\alpha_0+\alpha_1\mathrm{SIZE}+\alpha_2\mathrm{GROWTH}+\alpha_3\mathrm{RATE}+\varepsilon \qquad (4.1)$$

其中，LEV 表示企业资产负债率，由企业年度合并报表中得来，RATE 表示企业避税程度。

为了验证假设 4.2，构建模型如下：

$$\mathrm{LEV}=\alpha_0+\alpha_1\mathrm{SIZE}+\alpha_2\mathrm{GROWTH}+\alpha_3\mathrm{RATE}+\alpha_4\mathrm{RATE}*\mathrm{COD}+\varepsilon \qquad (4.2)$$

模型（4.2）在模型（4.1）的基础上，加入了 RATE 和 COD 的交互项 RATE*COD，其中，COD 表示企业债务融资成本。根据假设 4.2，债务融资成本在企业避税与资本结构的负向关系中有促进作用，可以预测 α_4 的回归结果应该显著为负。

2. 变量定义

（1）被解释变量（资本结构）。本节中 LEV 定义为企业资本结构，使用企业年度合并报表中的资产负债率来衡量该变量，公式为：资产负债率=总负债/总资产。

（2）解释变量（企业避税战略风格）。国内外对避税指标的衡量一般分为两类，其一是企业的实际所得税率及其变体，其二是企业会计-税收差异及其变体。本节将采用第一种方法来刻画企业避税战略风格，用名义所得税率减去实际所得税率即 RATE，差值越大表明避税程度越高，企业避税战略风格越趋向于激进，陈旭东和王雪（2011）也采用了此方法。

（3）债务融资成本和控制变量。在衡量债务融资成本时，由于中国上市公司没有提供不同类别的债务利息，所以作者沿用了 Pitman 和 Fortin（2004）的方法，通过利息总支出除以长短期债务总额的平均值来计算债务融资成本即 COD。其中短期债务来自资产负债表中的短期借款，长期债务包括长期借款、应付债券、长期应付款、一年内到期的长期借款、其他长期负债。

由于企业资本结构受众多因素的影响，在实证过程中需要纳入考虑，因此还引入了控制变量。国内外已有的大量实证研究发现企业规模和成长性对资本结构存在较大的影响，因此，在本书中将企业规模 SIZE 和成长性 GROWTH 作为控制变量。企业规模 SIZE 定义为总资产的自然对数，成长性 GROWTH 定义为（期末总资产–期初总资产）/期初总资产（陆正飞和辛宇，1998）。

3. 样本选择

本节采用我国 2010～2014 年的所有 A 股上市公司为初始样本，进行了如下数据处理：①剔除金融行业、ST、*ST 样本；②剔除税前利润小于等于 0 的样本，因其生成的实际所得税率和会计-税收差异有较大误差；③剔除企业实际所得税率小于 0 和大于 1 的样本；④剔除研究所需数据缺失的样本；⑤为了剔除异常值的影响，对模型中的连续变量在 1%和 99%的水平上进行 winsorize 处理，最后共得到 7996 个观测值。本节所有数据均来自于 Wind 资讯-经济数据库，使用的数据处理软件有 Excel 2010 和 STATA 12.0。

四、实证检验结果及分析

1. 描述性统计分析

表 4.1 中显示了样本中各变量的描述性统计。由表 4.1 可知企业的资本结构、企业避税战略风格、成长性差异均较大，说明不同的企业经营策略差异大，所带

来的经济后果也就出现了较大差异。RATE 的均值为 5.723862，说明大部分样本企业的实际税率低于名义税率，即避税已经是普遍存在的现象。

表 4.1 变量的描述性统计

变量	观测值	均值	标准差	最小值	最大值
LEV	7996	46.62909	18.35331	7.9132	86.7766
RATE	7996	5.723862	10.12011	−43.47535	24.77279
SIZE	7996	21.88711	1.265348	19.21234	25.87893
GROWTH	7996	20.79108	31.38073	−19.275	227.3087
COD	7996	0.130312	0.113702	0.000107	1.430247

2. 相关分析

表 4.2 是变量的 Pearson 相关分析表。通过单变量分析，表 4.2 中显示企业避税战略风格、成长性、债务融资成本与企业资本结构显著负相关；企业规模与资本结构显著正相关。与假设 4.1 相吻合。单变量检验的结果可能会被高估，因此我们需要进一步进行多元回归分析。

表 4.2 变量之间的相关性

变量	LEV	RATE	SIZE	GROWTH	COD
LEV	1.0000				
RATE	−0.2719***	1.0000			
SIZE	0.4558***	−0.1756***	1.0000		
GROWTH	−0.1273***	0.0802	−0.0081	1.0000	
COD	−0.1544***	0.0305	−0.1178**	0.0038	1.0

注：表中为 Pearson 系数；*，**，***分别表示变量在 10%，5%，1%水平下显著。

3. 模型回归结果

（1）企业避税战略风格对企业资本结构的影响。为了检验假设 4.1，表 4.3 显示了资本结构与企业避税战略风格、企业规模、成长性的相关关系。结果显示，对于被解释变量 LEV，RATE 的系数为−0.109，在 1%的水平上显著为负。正如本书的假设 4.1 预期企业避税程度与资本结构显著负相关，即上市公司避税战略风格越趋向于激进，资产负债率越低。企业的避税行为与债务融资存在替代作用。这一结果与非债务税盾对债务利息抵减有替代作用相一致（De Angelo and Masulis，1980）。这说明相对于负债融资所带来的税收优惠，企业更倾向于非债务性的避税行为，要使企业的财务杠杆水平达到最优，必须把企业的避税程度纳入考虑范围，否则企业难以实现价值最大化。表 4.3 还显示出企业资本结构（LEV）与企业规模（SIZE）在 1%的水平上显著正相关，这可能是规模越大的公司其破产可能性越小，盈利能力越强，承受负债的能力越强的原因；企业资本结构（LEV）与成长性（GROWTH）在 1%的水平上显著负相关，这可能源于高成长性的企业需要为未来的投资持有更多的期权，相对于债务融资企业更倾向于股权融资。

表 4.3 避税程度与资本结构回归结果

变量	LEV
RATE	–0.064*** （–4.58）
SIZE	–0.055*** （5.14）
GROWTH	–0.055*** （–15.71）
CONSTANT	49.336*** （7.46）
样本数	7996
公司数	2250
R^2	0.047

注：***表示在 1%的水平上显著，括号中的数字为 t 值。

（2）债务融资成本对企业避税战略风格与资本结构关系的影响。表 4.4 是加入了企业避税战略风格与债务融资成本交乘项的回归结果。由表 4.4 结果显示对于企业资本结构（LEV），债务融资成本（COD）和企业避税战略风格（RATE）的交乘项 RATE*COD 的系数为–13.36，在 5%的水平上显著为负。其结果说明债务融资成本在企业避税战略风格与资本结构的负向关系中有促进作用，债务融资成本越高，企业避税与资本结构的负相关性越大，替代效应越强，支持了假设 4.2 的预期。这说明在考虑避税与负债的替代效应时，必须要把债务融资成本纳入考虑中。同时该结果再次证实了假设 4.1，企业避税与负债之间存在着替代作用，表明了相对于使用负债节税，企业更倾向于避税。

表 4.4　债务资本成本对企业避税战略风格与资本结构关系影响回归结果

变量	LEV
SIZE	−0.058*** （5.19）
GROWTH	−0.054*** （−15.62）
RATE	−0.662*** （−4.66）
RATE*COD	−0.382*** （−2.64）
CONSTANT	49.049*** （7.43）
样本数	7996
公司数	2250
R^2	0.048

注：***，**分别表示在 1%和 5%的水平上显著，括号中的数字为标准差。

五、研究结论

以我国 2010～2014 年 A 股上市公司为研究样本，作者发现企业避税战略风格与资本结构负相关。由此得出，避税与债务融资之间存在着替代效应，进一步研究表明债务融资成本的提高将促进避税与资本结构的负相关性，即促进了避税与债务融资的替代效应。本书的结论给避税活动所带来的经济后果给予了补充，也有助于企业在优化资本结构时做出决策。

本节的研究中仍存在着诸多不足：本书在研究避税对企业资本结构的影响时，只考虑了所得税费用所带来的影响，对流转税没有纳入考虑。其次，由于资本结构的影响因素众多，本节在选择控制变量时只选取了两个变量。这些问题我们将作为未来研究的方向，从而更加全面认识避税行为及其经济后果。

第二节　企业避税战略风格、现金持有与公司投资

一、概述

税收既是国家财政收入的主要来源，也是国家调控经济的重要方式，在优化资源配置和促进经济增长方面发挥了越来越重要的作用。从国家角度来看，税收是国家分享企业财富的重要形式。从企业角度来看，利用财务或经营活动从事企业避税活动是企业增加税后收益的必然选择。企业避税的最直接结果是减少了国家财政收入，增加了企业税后利润，导致部分财富从国家转移到企业中去。那么，企业避税活动增加的现金流量是否得到了有效配置，促进了企业的可持续发展，带动实体经济的增长呢？尽管企业通过避税活动减少了税负，增加了税后现金流量，从而有利于提升企业价值。然而，新近根据委托代理框架研究企业避税的文献却发现，企业避税活动并不一定会提升企业价值（Desai and Dharmapala，2009；Hanlon and Slemrod，2009）。企业避税活动不仅会引发代理问题，加剧企业信息的不对称，而且会直接影响投资者利益和资本市场持续发展，已成为全球公司治理乃至资本市场研究中的一个十分重要的问题。

已有关注企业避税的文献主要从企业避税的计量、动机、方式、影响因素和经济后果等方面对企业避税问题进行分析和考察。尽管成果丰硕，但这些研究大多存在一个共同问题，就是把企业避税活动视为同质的，忽视了企业避税战略风格形式的差异性，则无法全面深入地窥视企业避税活动形成的动因及其经济后果。然而，Lisowsky 等（2012）率先提出了企业避税战略风格差异理论，他们根据企业避税战略风格激进程度的强弱，对企业避税活动进行了排序，认为从最保守到最为激进的企业避税战略风格指标依次是现金有效税率、账面税收差异、永久性账面税收差异、可操纵永久性账面税收差异和税收庇护（tax sheltering）。Goh 等（2013a）认为避税战略风格（激进与保守）企业的代理问题不同，因此，企业避

税战略风格（激进或保守）对企业价值的影响也有所不同。不仅如此，企业避税的激进性对公司财务行为的影响也吸引了越来越多的关注（Lisowsky et al.，2010；Lennox et al.，2012；Goh et al.，2013b）。这些研究成果表明企业避税战略风格形式可能会对公司财务行为产生影响，但现有企业避税研究忽视了这一点。

基于此，本节从企业避税的代理观出发，考察激进的企业避税战略是否降低了企业现金持有价值。若是，其中可能的作用机制是什么？我们的研究表明，过度激进的企业避税战略能够显著降低企业的现金持有价值，即投资者对实施过度激进避税战略的企业的现金持有赋予较低的价值评估；进一步研究显示，其作用机制在于，实施过度激进避税战略的企业更倾向于将避税所带来的现金流耗费掉，从而导致自由现金流的过度投资更为严重。

本节研究对已有文献的贡献主要体现在以下几个方面：第一，现有研究将企业避税视为同质的，忽视了企业避税战略风格异质性对财务管理的影响。本节从企业避税战略风格异质性角度，运用“企业避税的代理观”深入研究企业避税行为的经济后果，为企业避税研究提供了一个新的视角；第二，本节的研究给出了企业避税对现金持有价值影响的直接经验证据，并系统地探索企业避税对现金持有影响的作用机制，从而扩充和发展了有关现金持有领域的相关文献；第三，重新审视企业避税可能给公司价值带来的负面影响，进而提供针对性的管理建议。

二、相关文献与研究假设

1. 文献综述

近年来，有不少学者开始关注企业避税对财务行为的影响及其经济后果，并对其开展了一定程度的研究。国外已有的企业避税经济后果领域的相关文献较集中于企业避税对资本结构、融资成本、投资效率以及高管薪酬有效性等方面的影响。例如，已有研究发现，避税程度较高公司的资产负债率更低（Lin et al.，2014）、面临的权益资本成本更高（Hutchens and Rego，2012）、债务资本成本更低（Lisowsky et al.，2010；Kim et al.，2010；Lim，2011；

Shevlin et al.，2013）、投资效率更低、高管薪酬契约的有效性更低（Chen and Chu，2005）。

从国内研究来看，企业避税经济后果领域的相关文献较集中于企业避税对公司价值的影响。例如，吕伟等（2011）发现较多的信息中介和机构投资者参与，能够显著增加企业避税行为对公司价值的正面影响。罗党论和魏翥（2012）发现企业规避税收能够降低企业的实际税负，为企业带来经济利益的流入，增加公司价值，并且企业的避税程度越大，这种公司价值的提高就越大。而陈旭东和王雪（2011）却发现企业避税活动降低了企业价值。此外，还有部分文献从企业避税对财务行为的影响进行了研究。孙刚（2013）研究发现，企业避税程度越高，债务资本成本就越低。刘行和叶康涛（2014）发现避税活动主要会导致企业过度投资，并且企业的避税程度越高，投资效率越低。

综合上述企业避税的研究文献，目前尚较少有研究关注企业避税战略风格异质性在现金持有与管理中的影响，且尚未有相关文献在相对较系统的框架下探索企业避税对现金持有经济后果及其作用机制。本节对该问题的考察将有助于拓展与扩充相关领域的文献。

2. 研究假说的提出

企业避税活动是通过对公司专有信息施加限制以避免被税务当局察觉和处罚而形成的，因此，企业避税活动会阻碍信息向市场的传递，损害企业的信息环境。Kim 等（2010）的研究发现，企业避税对企业的信息环境存在显著的负面影响。企业避税对企业信息环境的负面影响为管理者伺机实施自利行为创造了条件。Cheng 和 Warfield（2005）、Desai 等（2004）均发现管理者通过企业避税活动来获取个人私利的证据。这将损害到股东的利益，正如 Desai 和 Dharmapala（2006）所指出的，机会主义的管理者能够利用避税技术去增加自己的个人私利，从而导致股东与管理者之间关系的紧张，产生代理冲突。由此可见，企业避税不仅会加剧企业信息的不对称，还会引发代理问题。此外，避税战略风格激进与保守企业所体现出的代理问题和信息不对称问题并不相同。已有研究发现，激进的企业避税战略其代理问题（Desai and Dharmapala，2006；Desai et al.，2007）和信息不对称问题（Balakrishnan et al.，2011）都较为严重，导致管理者倾向于将企业避税节约的现金流消耗掉以获取个人私利。因此，如果激进的企业避税战略确实促进了管理者自利行为，那么投资者将对实施激进避税战略企业的现金持有赋予较低的价值评估，激进的企业避税战略将会降低现金持有价值。相反，保守的企业避税战略其代理问题和信息不对称问题较轻，企业避税的正面效应处于主导地位，导致保守的企业避税战略有利于增加企业未来的现金流量，从而投资者对实施保守避税战略企业的现金持有也会赋予较高的价值评估，从而有助于提高其现金持有价值。

基于以上分析，本节提出假设 4.3。

假设 4.3 其他条件保持相同，企业避税战略风格越激进，其现金持有价值越低。

尽管激进的企业避税战略能产生更多的现金节余，但激进的企业避税战略其代理问题和信息不对称问题都较为严重，可能导致激进的企业避税战略的负面效应较强，而正面效应较弱，从而导致总效应是负面的。因此，对于激进的企业避税战略而言，管理者更倾向于将企业避税产生的现金流量用于能给他们带来个人私利的兴建帝国的投资中去（Jensen，1986），这将导致自由现金流的过度投资非常严重。

基于以上分析，本节提出假设 4.4。

假设 4.4 其他条件保持相同，企业避税战略风格越激进，则企业对自由现金流的过度投资水平越严重。

尽管激进的企业避税战略可以更大幅度地限制企业税负的支付，但它并不一定会提高企业现金持有量。具体来说，Opler 等（1999）认为价值最大化的管理者会考虑现金持有的成本和收益，从而使最优现金持有量处于现金持有的边际收益等于边际成本这一点上。代理成本的存在会使实际现金持有水平偏离最优现金持有水平。现金等流动资产很容易被转移和乱用，因此，现金等流动资产易于遭受代理冲突（Myers and Rajan，1998）。鉴于代理冲突的存在，已有研究发现，机会主义的管理者倾向于将现金用于能给他们带来个人私利的兴建帝国的投资中去。由于激进的企业避税战略不仅损害企业的信息环境，还加剧了代理冲突，这就为管理者将避税得到的现金流花费掉以扩大公司规模创造了条件，从而导致企业的现金持有水平较低。

基于以上分析，本节提出假设 4.5。

假设 4.5　其他条件保持相同，企业避税战略风格越激进，则企业现金持有水平越低。

三、研究设计

1. 实证模型与变量

为了检验假设 4.3，借鉴 Dittmar 和 Mahrt-Smith（2007）、罗琦和秦国楼（2009）的研究，本书采用以下模型（4.3）对我国上市公司避税战略风格存在差异情况下公司现金的价值效应进行考察。

$$\begin{aligned}\mathrm{MV}_t &= \alpha_0 + \alpha_1\mathrm{CASH}_t + \alpha_2\mathrm{TAX}_t + \alpha_3\mathrm{CASH}_t\times\mathrm{TAX}_t + \alpha_4 E_t + \alpha_5 dE_t + \alpha_6 dE_{t+1} + \alpha_7 D_t \\ &+ \alpha_8 dD_t + \alpha_9 dD_{t+1} + \alpha_{10} I_t + \alpha_{11} dI_t + \alpha_{12} dI_{t+1} + \alpha_{13} dNA_t + \alpha_{14} NA_{t+1} + \alpha_{15} MA_{t+1} \\ &+ \sum\mathrm{IND} + \sum\mathrm{YEAR} + \varepsilon\end{aligned} \tag{4.3}$$

其中，模型的被解释变量为公司价值（MV）；解释变量包括避税战略风格（TAX）和现金持有水平（CASH）。为了验证避税战略风格对现金持有价值的影响，我们设置了 CASH×TAX 这个交叉项。如果该交叉项系数为正（$a_3>0$），就表明避税战略风格激进情况下的公司现金持有价值较高，反之，该交叉项系数为负（$a_3<0$），则表明避税战略风格激进情况下的公司现金价值较低。模型的控制变量包括公司当前净利润（E_t）、股利支付（D_t）、利息支出（I_t）及其实际增长 dE_t、dD_t、dI_t 和预期增长 dE_{t+1}、dD_{t+1}、dI_{t+1} 以及非现金资产的实际增长 dNA_t、预期增长 dNA_{t+1} 和公司价值的增长（dMV_{t+1}）等。此外，模型（4.3）中还包括行业（IND）和年度（YEAR）控制变量。

为了检验假设 4.4，本书建立如下回归模型：

$$\begin{aligned}\mathrm{OVERINV}_t &= \beta_0 + \beta_1\mathrm{FCF}_t + \beta_2\mathrm{FCF}_t\times\mathrm{TAX}_t + \beta_3\mathrm{TAX}_t + \beta_4\mathrm{MFEE} \\ &+ \beta_5\mathrm{OCCUPPY} + \sum\mathrm{IND} + \sum\mathrm{YEAR} + \varepsilon\end{aligned} \tag{4.4}$$

其中，模型的被解释变量为企业过度投资水平（OVERINV），其计算方法为：借鉴 Richardson（2006）的研究，将 i 公司 t 年度的实际新增投资支出表示为公司期初规模、资产负债率、成长性、股票年度回报率、上市年龄、现金持有水平、滞后一期实际新增投资支出以及行业和年度控制变量的函数，回归估计得到的企业投资水平的估计值即为企业的正常投资水平，由此得到的正残差即代表企业过度投资程度。FCF 表示企业的自由现金流水平，计算方式为经营活动产生的净现金流与估算的企业正常的投资水平之差。同时参考同类文献，我们还控制了管理费用率（MFEE）和大股东占款（OCCUPPY）等变量，用以控制企业内部代理问题对企业过度投资的影响。此外，模型（4.4）中也包括行业（IND）和年度（YEAR）控制变量。

为了检验假设 4.5，本书设定如下回归模型：

$$\begin{aligned}\mathrm{CASH}_t = {} & \lambda_0 + \lambda_1\mathrm{TAX}_t + \lambda_2\mathrm{SIZE}_t + \lambda_3\mathrm{LEV}_t + \lambda_4\mathrm{GROWTH}_t + \lambda_5\mathrm{CF}_t \\ & + \lambda_6\mathrm{NWC}_t + \lambda_7\mathrm{INV}_t + \sum\mathrm{IND} + \sum\mathrm{YEAR} + \varepsilon\end{aligned} \tag{4.5}$$

其中，模型的被解释变量为现金持有水平（CASH），解释变量为避税战略风格（TAX）。模型中还包括实证研究中一般会控制的现金持有影响因素，如公司规模（SIZE）、资本结构（LEV）、成长性（GROWTH）、现金流量（CF）、净营运资金（NWC）、投资支出（INV）等。同时我们还控制了行业效应和年度效应的影响。

本节所用研究变量的具体设计方法如表 4.5 所示。

表 4.5　变量说明

<table>
<tr><th colspan="2">变量名称</th><th>代码</th><th>变量说明</th></tr>
<tr><td rowspan="3">因变量</td><td>公司价值</td><td>MV</td><td>公司市场价值，等于当年最后一个交易日的流通股收盘价×流通股股数+公司年度每股净资产×非流通股股数+公司年末负债账面价值</td></tr>
<tr><td>过度投资</td><td>OVERINV</td><td>使用 Richardson（2006）模型的正残差表示</td></tr>
<tr><td>现金持有</td><td>CASH</td><td>年末现金与短期投资之和同总资产的比率</td></tr>
<tr><td rowspan="2">解释变量</td><td rowspan="2">避税战略风格 TAX</td><td>BTD</td><td>账面会计税收差异=（税前会计利润－应纳税所得额）/期末总资产</td></tr>
<tr><td>DDBTD</td><td>可操纵性会计税收差异，为会计税收差异中不能被盈余管理所解释的那部分（Desai and Dharmapala，2006）。该指标可以通过下列模型求残差得到。$BTD_{i,t}=\alpha\ TACC+\mu_i+\xi_{i,t}$，其中 TACC 为总应计利润，等于（净利润－经营活动产生的净现金流）/总资产</td></tr>
</table>

续表

变量名称		代码	变量说明
控制变量	资本结构	LEV	资产负债率，为负债与总资产的比率
	企业规模	SIZE	为总资产的自然对数
	成长性	GROWTH	为销售收入增长率
	现金流量	CF	经营活动现金流量净额/总资产
	自由现金流	FCF	为经营活动产生的净现金流量和预期的当年预期投资之后的余额与平均总资产之比
	投资支出	INV	为构建固定资产、无形资产和其他长期资产所支付的现金、处置固定资产、无形资产和其他长期资产而收回的现金之差与年初资产总额的比值
	管理费用率	MFEE	公司管理费用与主营业务收入之比
	大股东占款	OCCUPPY	为其他应收款占总资产的比例
	净利润	E_t	本年的净利润
	净利润实际增长	dE_t	本年净利润－上一年度净利润
	净利润预期增长	dE_{t+1}	下一年度净利润－本年净利润
	股利支付	D_t	本年的股利支付总额
	股利支付实际增长	dD_t	本年股利支付总额－上一年度股利支付总额
	股利支付预期增长	dD_{t+1}	下一年度股利支付总额－本年股利支付总额
	利息支出	I_t	本年的利息支出
	利息支出实际增长	dI_t	本年利息支出－上一年度利息支出
	利息支出预期增长	dI_{t+1}	下一年度利息支出－本年利息支出
	非现金资产实际增长	dNA_t	（本年末资产总额－本年末货币资金额－本年末短期投资净额）－（上年末资产总额－上年末货币资金额－上年末短期投资净额）
	非现金资产预期增长	dNA_{t+1}	（下一年末资产总额－下一年末货币资金额－下一年末短期投资净额）－（本年末资产总额－本年末货币资金额－本年末短期投资净额）
	公司价值预期增长	dMV_{t+1}	下一年度公司价值－本年公司价值

2. 数据来源与描述性统计

本节以 2008～2013 年间我国在沪深的所有 A 股上市公司为研究样本，并剔除了金融行业的上市公司、ST 类公司、当年发生过 IPO 的公司和财务数据不全的公司。经过剔除后，本书最终得到了 8436 个年度观察值。本节所使用的主要财务数据来源于自 Wind 资讯-金融终端。

表 4.6 提供了本书主要解释变量和被解释变量的描述性统计分析。从表 4.5

可以看到，公司避税战略风格的会计-税收差异指标（BTD）数值最小为–0.631，最大为 0.718，可操控性会计-税收差异指标（DDBTD）数值最小为–0.832，最大为 0.467，说明不同公司之间的避税战略风格存在较大的差异，从而表明本书关注企业避税战略风格对现金持有价值影响，探索企业避税战略风格对现金持有影响的作用机制就具有一定的现实意义。

表 4.6 主要变量的描述性统计

变量	观测值	均值	标准差	最小值	最大值
BTD	8436	–0.015	0.089	–0.631	0.718
DDBTD	8436	0.003	0.105	–0.832	0.467
CASH	8436	0	0.071	–0.751	0.329
SIZE	8436	21.304	1.285	16.459	25.973
LEV	8436	0.482	3.154	0.062	0.896
ROA	8436	0.094	0.106	–0.535	0.487

四、实证结果与分析

1. 避税战略风格与现金持有价值

表 4.7 提供了避税战略风格与现金持有价值的回归结果。从表 4.7 中 Panel A 可以看出，避税战略风格（TAX）与现金持有水平（CASH）的交互项系数为–0.328，且在 1%水平下显著。这表明避税战略风格较为激进的企业的现金持有价值显著低于避税战略风格较为保守的企业。具体而言，该类避税战略风格较为激进企业的现金持有价值平均为 0.640 元（=0.968–0.328）。这意味着，投资者预期避税战略风格较为激进企业现金持有中的代理动机较为严重，因而，他们对避税战略风格较为激进企业的现金持有给予了显著更低的定价水平。表 4.7 中的 Panel B 是采用 DDBTD 为自变量的回归结果，我们发现与 Panel A 回归基本一致的证据，同样支持了本节的假设 4.3。

表 4.7　避税战略风格与现金持有价值

变量	Panel A 以 BTD 为因变量	Panel B 以 DDBTD 为因变量
	(i)	(ii)
截距项	−0.642***	−0.563**
	−5.416	−5.385
CASH	0.968***	0.935***
	−8.336	−8.587
TAX	−0.105**	−0.093**
	−2.216	−1.981
CASH* TAX	−0.328***	−0.271***
	−3.017	−2.819
IND/YEAR	控制	控制
N	8436	8436
Adj_R^2	0.437	0.445
F	45.338	34.179

注：表中数据为各自变量的回归系数，括号内数值为异方差稳健标准误，***，**和*分别表示双尾 *t* 检验在 1%，5%和 10%的水平上统计显著。限于篇幅，表 4.6 仅报告了主要变量回归结果。

2. 避税战略风格与自由现金流的过度投资

模型（4.3）实证结果表明，市场对于避税战略风格较为激进企业持有的现金给出了显著更低的定价。那么，避税战略风格对于现金持有价值的作用机制是什么呢？我们在表 4.8 中检验了本书的假设 4.4，即避税战略风格对自由现金流的过度投资的影响。从表 4.8 中 Panel A 可以看到，自由现金流（FCF）的回归系数为 0.349，且在 1%水平下显著为正。这表明在避税战略风格较为激进的企业中，自由现金流的过度投资现象显著存在。进一步看，避税战略风格（TAX）与自由现金流（FCF）的交叉项系数为 0.121，且在 5%水平下显著为正，说明避税战略风格较为激进企业的自由现金流的过度投资程度显著高于避税战略风格较为保守的企业。上述结果说明，企业避税战略风格越趋向于激进，这将显著增加企业内部自由现金流的代理成本，导致自由现金流的过度投资更为严重。表 4.8 中的 Panel B 是采用 DDBTD 为自变量的回归结果，我们发现与 Panel A 回归基本一致的证据。

表 4.8　避税战略风格与自由现金流的过度投资

变量	Panel A 以 BTD 为因变量	Panel B 以 DDBTD 为因变量
	（i）	（ii）
截距项	0.053*** （4.135）	0.051** （4.028）
FCF	0.349*** （2.832）	0.336*** （2.713）
FCF*TAX	0.121**- （2.034）	−0.109* （−1.727）
MFEE	−0.005 （−1.315）	−0.003 （−1.019）
OCCUPPY	−0.043** （−3.516）	−0.027* （−3.904）
IND/YEAR	控制	控制
N	3921	3934
Adj_R^2	0.098	0.091
F	94.245	78.183

注：表中数据为各自变量的回归系数，括号内数值为异方差稳健标准误，***，**和*分别表示双尾 t 检验在 1%，5%和 10%的水平上统计显著。

上述结果解释了市场对避税战略风格较为激进企业的现金持有给予较低估计的原因，揭示了避税战略风格影响现金持有价值的作用机制，研究假设 4.4 得到验证。

3. 避税战略风格与现金持有水平

表 4.9 提供了避税战略风格与现金持有的回归结果。从表 4.9 中 Panel A 可以看出，避税战略风格（TAX）对公司现金持有水平（CASH）产生负的影响，并且至少在 1%水平下具有显著性。这表明避税战略风格较为激进的企业的现金持有水平较低。这一结果显示出激进的避税战略风格滋生了控股股东或管理者滥用公司现金资产的行为，公司因此具有较低水平的现金余额。表 4.9 中 Panel B 的结果与表 4.8 中 Panel A 回归结果基本一致，同样支持研究假设 4.5。

表 4.9　避税战略风格与现金持有水平

变量	Panel A 以 BTD 为因变量	Panel B 以 DDBTD 为因变量
	(i)	(ii)
截距项	–0.483*** (–4.417)	–4.039** (–4.321)
TAX	–0.015*** (–3.028)	–0.013*** (–2.916)
SIZE	–0.021** (–2.007)	–0.013** (–2.019)
LEV	–0.235*** (–9.458)	–0.243*** (–9.514)
GROWTH	–0.005 (–1.028)	–0.007 (–1.103)
CF	0.183*** (4.532)	0.198*** (4.618)
NWC	–0.341*** (–4.472)	–0.345*** (–4.485)
INV	–0.043* (–1.729)	–0.046*** (–1.836)
IND/YEAR	控制	控制
N	8436	8436
Adj_R^2	0.228	0.293
F	16.247	18.853

注：表中数据为各自变量的回归系数，括号内数值为异方差稳健标准误，***，**和*分别表示双尾 t 检验在1%，5%和 10%的水平上统计显著。

4. 敏感性分析

为了提高研究结论的可靠性，本节进行如下敏感性测试。

（1）采用经行业调整的现金持有水平作为现金持有水平（CASH）的替代变量。

（2）借鉴 Chen 等（2010）的研究，我们使用 Probit 回归方法对如下企业避税概率模型进行实证检验，以获得公司是否避税的比率值，然后将该值代入到模型中重新进行回归。

$$\mathrm{DUM\_TAX}_{i,t} = \alpha_0 + \alpha_1 \mathrm{SIZE}_{i,t} + \alpha_2 \mathrm{LEV}_{i,t} + \alpha_3 \mathrm{ROA}_{i,t} + \alpha_4 \mathrm{GROWTH}_{i,t} + \alpha_5 \mathrm{CF}_{i,t} + \sum \mathrm{IND} + \sum \mathrm{YEAR} + \varepsilon_{i,t}$$

其中，DUM_TAX 是企业避税程度的虚拟变量，当企业避税程度大于样本中位数时，DUM_TAX 取 1，否则为 0。

在对本节的模型（4.3）至模型（4.5）进行重新回归后，我们发现研究结果并没有发生实质性的变化，因此，本节的研究结论是可靠的。

五、研究结论

本节以我国沪深股票市场上市公司的数据为研究样本，考察了企业避税战略风格对企业现金持有的影响，并系统研究了企业避税战略风格影响企业现金持有效率的作用机制。实证结果表明，过度激进的企业避税战略能够显著降低企业的现金持有价值；其作用机制在于，实施过度激进避税战略的企业更倾向于将避税所带来的现金流花费掉以扩大公司规模，从而导致自由现金流的过度投资更为严重。

本节的研究启示在于，企业避税战略的实施，不能仅仅着眼于如何增加企业的税后现金流量，而应该更多地关注如何提升企业避税增加的税后现金流量的管理效率，使企业避税战略成为企业价值创造的“助推器”，这将对我国资本市场的健康发展和促进经济增长均具有重要的现实意义。

第三节　企业避税战略风格对高管薪酬契约的影响

一、概述

企业避税是普遍存在的问题，当前有关企业避税的研究主要集中在企业避税对国家财政和资源配置的影响，企业采用非法手段避税会对国家税收造成侵害，同时企业根据当前的政策合理避税又会促进国家对资源的配置。在以往的许多研究企业避税的文献中，通常认为企业通过避税可以减少企业税负，从而提高企业资产增大股东权益，进而对企业高管的薪酬也能起到积极的作用，基于此认为企业避税有利于提高高管薪酬。然而，从企业委托代理的角度出发，避税并不一定能带来企业价值的增加，并对高管的薪酬产生积极影响。只有公司治理机制比较完善的企业，避税才能带来业绩的增加。因此，我们有必要通过科学的分析来验证企业避税对高管薪酬契约的影响。

关于薪酬契约 Jensen 和 Meckling（1976）以及 Jensen（1986）的理论研究表明，为了克服经营者的机会主义行为并最大限度地减少代理成本，所有者必须将经营者报酬与公司绩效相挂钩，通过设计出合理的奖励性契约，对经营者进行有效的激励、约束和监督，促使经营者为实现股东利益最大化而努力工作。Jensen 和 Murphy（1990）进一步指出，业绩型薪酬契约是否有效，取决于经营者薪酬与公司绩效的敏感性；薪酬业绩敏感性越高，高管薪酬契约的激励和约束效果越好。

近年来上市企业高管薪酬问题一直饱受社会各界的争议，不仅是因为高管薪酬的畸高，而且其薪酬具有很强的黏性，即高管薪酬在业绩上升时的边际增加量大于业绩下滑时的边际下降量（Jackson et al.，2008）。由于我国的公司有效制度起步和发展都比较缓慢，高管的控制权缺少有效的监管，在许多由原国营的企业改制的上市公司中，总经理同时兼任董事长，形成高管自己监督自己的情况，这样高管可以直接控制高管薪酬制度的制定，再加上信息的不对称等问题，加剧了高管薪酬黏性的发生（王克敏和王志超，2007）。那么在企业避税的情况下对薪酬黏性又会产生怎样的影响？这也是一个值得探讨的问题。

以往的关于企业避税的研究从宏观视角考察企业避税活动对国家财政和公共资源配置的影响，以及政府如何通过完善税制来抑制企业避税；从微观角度讨论企业避税的文献，则主要研究盈利能力、资产结构、股权结构等微观企业特征如何影响企业的避税决策，企业避税行为对于企业本身如何影响的研究较少。我们从避税代理观的角度出发，即在委托代理的框架下来分析企业的代理冲突如何影响避税，以及企业避税所带来的经济后果，考察企业避税战略风格对高管薪酬业绩敏感性以及薪酬黏性的影响。关于企业避税战略风格对高管薪酬契约影响的实证研究，可以丰富企业避税理论的相关研究，也增添了影响高管薪酬契约因素的研究，有效地补充了新近关于避税代理观的研究，也有助于我们更清楚地认识到避税的经济后果。此外，企业避税战略风格对高管薪酬契约的影响的相关研究，对于经营者来说，在企业进行相关的避税活动时就可以考虑避税活动对自身利益的影响，就可能采取不同的处理方式；对于所有者来说，为企业在制订高管薪酬契约时有一定的实证参考价值。

二、理论分析与研究假设

1. 企业避税战略风格对高管薪酬业绩敏感性的影响

现代企业框架基础的设立带来的信息不对称和代理问题是如今企业治理的各项问题的源头，我们研究影响高管薪酬契约的重要因素也是从这两方面入手。一方面，信息不对称破坏了薪酬契约的有效性，降低了高管薪酬业绩敏感性。通过以往的研究和薪酬契约制度的基础我们知道，高管要通过提高企业的业绩来获得奖励的前提是股东能够低成本观测业绩，如果高管的贡献是难以观测的，或者是要耗费很大的成本去获得，那就会让薪酬契约上的激励规定无法合理公平地来实施，而且股东能够从业绩指标较高标准地反映高管的努力程度。这几项要求都是建立在股东对于公司情况了解很详尽的基础上，但是事实上由于股东不实际参加公司的日常经营管理的事务，根本就无法全方位了解公司真实的业绩水平和高管在面对公司的各项经营难题或者是在作出重大的投资决策时努力程度抑或是有没有自利而损害公司利益的行为，这些因素必然会影响到高管薪酬和企业绩效之间的敏感性。Bebchuk 等（2002）的“管理者权利理论”就指出：企业中的高级管理人员由于在企业中拥有很多权利，影响力也很大，这些便利条件让他们可以借助此来把持住董事会，进而制定出有利于自身的薪酬契约，这就是内部人控制的现象，内生性在高管薪酬契约的制定中产生了很大影响。对于股东来说在企业的董事会要聘请新的经理人时，更加关注这名经理人在过去的岗位上为其企业创造的业绩，而不是特别关心他想在企业中获得的报酬；对于一般的市场人员来说，将更多的关注点放在创造的产品市场和利润，而不是他从中有多少的获利。这就让高级管理人员的行为难以受到市场有效的约束，他很多行为并不能被真实地了解和控制，因而很容易发生道德危机，在信息不对称的情况下股东并不能及时地察觉到这些问题，这就会让有些高管人员的行为变得无法把控，使得薪酬契约中高管薪酬业绩的敏感性进一步降低。

另一方面，代理问题是管理层的自利行为（Burrough 和 Helyar，1990）发生的根本源头，而管理层的自利行为在很大的程度上破坏薪酬契约的有效性，让契约中很多规则形同虚设，高管人员可以通过很多方式来让自己获得更多的利益，而不是通过努力提高公司的业绩来获得奖励，他可以在公司的运营中无所作为，甚至是危害公司的发展，但是利用在职消费、制定更有利于自身的薪酬契约来损害股东的利益，而让自身的利益增加，基于代理问题的角度，这些损害股东利益的行为往往很难以避免，这对公司的内部治理有较高的要求，在内部治理水平低下的公司，由此引发的问题也就让薪酬业绩的敏感性变得很低。与此同时，两者的影响又是相互的，因为高管的薪酬绩效敏感性也是高管决定是否采取自利行为的重要原因，在 Jensen 和 Murphy 的研究中表明高管薪酬与企业绩效相关性弱导致其难以有效地激励管理层，在高管遇到觉得难以回报他超高努力的薪酬契约时，高管可能会懈怠于自身的工作，又或者是运用自身的权利产生自利行为，这又进一步破坏了薪酬契约的有效性，因而这两者的影响是相互的。总体来说，在内部治理很好的公司在薪酬契约的制定上将高管薪酬和公司业绩紧紧地联系在一起，这样就能很好地发挥对管理层激励的有效性，也有的企业是给予管理层更多基于股票收益的薪酬，但 Bebchuk 和 Fried 认为天价的高管薪酬现象正是管理层自利行为的表现。

既然信息不对称和代理问题是影响薪酬业绩敏感性的重要原因，那么企业避税是如何通过这两个途径影响薪酬业绩敏感性的呢？

首先，企业避税会使得企业内外部信息不对称更加严重。仅仅通过表象的观察会简单地认为在企业采取手段避税时企业的业绩就会得到相应的提升，而我们在主观愿望上基于薪酬契约的有效性，就会很容易地得到高管薪酬会随之增加的结论，因而认为企业的避税行为是双赢的局面。但是近来越来越多避税的实证研究表明，企业采取了避税的行为并不一定就会取得他们想提升业绩的结果，因为企业的运营和治理的复杂性，相互间影响的内生性，让最终的结果往往急剧变化性，而不是单一的影响发生机制就可以解释的。在内部治理机制比较完善的公司才能通过合理的避税行为来提升企业业绩，当然这其中的高管要就有较高的责任心和职业道德感。在公司治理上我国的大多数企业都并不成熟和完善，甚至有些企业的治理情况是相当混乱的，因而仅仅想简单地采取一些避税的手段就能够提升企业价值是不现实的，而且公司的高管也不一定会遵从股东的意愿毫不保留地为公司来谋划。这正是信息不对称带来的问题所在，在股东的角度来说，当企业的高管在股东意愿下进行避税活动时，逃避税务稽查人员的监管就变得尤为重要，因此公司正常程序的一些审批流程就会被简化甚至是忽略，一些特殊的处理方式会在隐蔽的情况下进行，这不仅是加大了税务部门的监管难度，同时也让股东自己监管的难度加大，在这种情况下高管就很有可能发生道德的风险，做出不利于公司的自利行为，这样避税行为就变得没有意义，它并没有增加企业业绩，反而还有降低的可能。同时，在高管的角度来说，企业避税活动会加剧企业信息的不对称使得会计信息不透明度增加，这也是高管不愿意看到的，因为会计信息的不透明性加剧，让股东和监管者难以准确观察高管行为，并公平地评价其努力程度，这样高管的努力程度可能不能被肯定和承认，那其相应的努力就无法得到回报。在上述两方面的影响下，企业避税的情况会使股东无法与公司高管签订最优激励契约（Chen and Chu，2005），降低了薪酬契约的有效性，降低了薪酬业绩敏感性。

其次，企业避税会引发代理问题。两权分离让股东没有来实际经营企业，所以他们想达到什么目的，或者是想引导高管的行为，都要通过激励来实现，同理在股东要想企业减少税收负担，就要激励高管也在这方面想方设法并做出实质性的努力来，才真正地达到目的。已有研究证实，对企业高管进行激励促使高管做出更多减少企业税负的行为，Phillips（2003）通过研究就证明了，由公司税后的收益来决定管理的激励报酬，这样的公司会采取更多的避税行为，而且也证实了这些有效税率是比较低的，Gupta 和 Swenson（2003）也认为公司对管理者的激励对管理者做出的税收决策有很大的影响，激励报酬越是丰厚就越能够激发管理者积极性，让他能采取更多对公司有利的有效避税措施。当然高管采取的避税措施要是有效的，如果避税的边际利润小于边际成本，那就得不偿失了，我们理性上的要求是避税的边际利润大于边际成本才是有效的。虽然以前的理论研究有部分证实了薪酬契约对企业避税行为的激励作用，可是企业的避税活动增加了高管人员的风险，这种情况下，高管就不仅要求对其本身的努力给予合理的回报，还要求对于避税带来名誉风险性给予回报。在这种情况下，就上面提到的避税的利润和为此要付出更多代价可能是不均衡的，有时甚至是得不偿失的。企业避税可能会让薪酬契约的本身就无法保证其有效性，在薪酬契约有效性被破坏的情况下，高管薪酬业绩的敏感性也就必然会受到影响。

由此我们提出假设 4.6。

假设 4.6　在其他条件不变的情况下，企业的避税程度越高，即企业避税战略风格越趋向于激进，高管薪酬业绩敏感性越低，即激进的企业避税战略风格会对降低高管薪酬业绩敏感性。

2. 企业避税战略风格对高管薪酬黏性的影响

管理学中研究当中，我们通常把被解释变量随着解释变量的变化而变化的关系称为敏感性，而把这种变化在解释变量增加以及减少两个方向上的不对称性称为“黏性”，薪酬黏性问题最早是 Jennifer J.Gave 和 Kenneth M.Gave 在 1998 年提出的，他们在研究美国上市公司 CEO 的奖金问题时发现，CEO 的奖金会随着企业的业绩增长而升高，但是当公司的业绩下降时高管奖金并没有相应幅度的减少，甚至可能没有受到多大的影响，由此发现上市公司的高管薪酬变化与业绩变化是不对称的。随后 Leone 等（2006）、Jackson 等（2008）均发现在企业业绩上升和业绩下降（或者企业盈利以及企业亏损）的不同方向上，高管薪酬上升比或者下降比与企业业绩指标的上升或者下降比是不对称的，在企业业绩上升时高管薪酬增加比率大于业绩的增加比率，而在企业业绩下降时高管薪酬减少比率小于业绩的下降比率，更有甚者是没有怎么减少。在我国对于高管薪酬黏性的研究起步较晚，在 2009 年方军雄通过对 2001～2007 年的上市公司数据分析发现，我国的高管薪酬已经具有较为显著的业绩敏感性，但也发现了业绩敏感性不对称的特征，就是在公司业绩上升时薪酬的边际增加量显著高于业绩下降时薪酬的边际减少量，这就是我们上面提到的薪酬黏性现象，同时他通过进一步的研究发现董事会独立性的增强有助于降低薪酬黏性，说明良好的监管制度会对高管产生制约，有利于薪酬契约公平高效的实施。此后，高文亮等（2011）进一步地深入挖掘管理层权利与薪酬黏性的关系等，目前有关薪酬黏性的研究并不多，有很多方面都还有待探讨，薪酬黏性的形成和发生机制等问题都还有待丰富。

薪酬黏性的发生就说明我们的薪酬制度并没有得到有效实施，至少是在某方向达不到应有的效果，导致高管薪酬的只升不降。现在我们在企业避税的视角下来进一步研究高管薪酬黏性的问题，一方面是避税本身带来的直接影响，上面提到企业采取避税措施时，让企业业绩在短期内得到提高，我们基于薪酬契约的有效性，企业业绩提高对应地高管的薪酬也会增加，由此就加重高管薪酬黏性。另一方面是避税带来的间接影响。以往的研究已经证明管理层权利可以显著提高高管的薪酬水平，管理层直接运用自身的权利为自己谋利，管理层权利型企业比非管理层权利型企业高管薪酬具有更高黏性，说明管理层具有更多的权利会加重薪酬黏性的程度。在两权分离的框架下，企业的所有者希望达到利益的最大化，通过和管理者订立有效的薪酬契约来控制管理者的行为，但往往在信息不对称的情况下很难完全实现。企业避税作为一种可以提高企业利益的方式如果被采用，常常需要赋予企业管理者更多的决策权利，在这种情况下可能就会导致管理层权利的滥用，直接破坏薪酬契约的有效性从而加重薪酬黏性。

由此我们提出假设 4.7。

假设 4.7　在其他条件不变的情况下，企业的避税行为是会加大高管薪酬的黏性的，即企业避税战略风格越趋向于激进，高管薪酬黏性越强。

三、实证设计、变量估计与样本的选择

1. 实证研究模型的建立

在以往的研究中人们大多还在探寻高管薪酬与企业业绩敏感性的高低，魏刚（2000）研究发现，我国上市公司高管薪酬与公司绩效相关关系并不显著，同时李增泉（2000）也得到了类似的结论，并且通过具体分析发现公司规模的大小对高管薪酬的影响更大，不同的地区、公司规模也是对高管薪酬的影响的重要因素，反而公司绩效对高管薪酬的决定意义不大。随着我国市场制度的不断发展和完善，近来的研究结果是高管薪酬与企业业绩正相关关系越来越显著。陈志广（2002）以 2000 年沪市上市公司为研究样本，研究发现高管薪酬与公司绩效显著正相关，并且越来越多的公司在制定高管薪酬契约时把公司绩效作为考量指标，正是人们对高管绩效的关注才让这些制度不断地建立和完善。后来深入的研究关注点放在哪些因素会对高管薪酬绩效的敏感性产生影响，卢锐等（2011）就研究了内部控制、产权对

高管薪酬业绩敏感性的影响，对于本书的研究有很大的启示和借鉴作用。

企业避税战略风格对高管薪酬绩效敏感性的影响模型（4.6）如下：

$$\ln(\mathrm{COMP}) = \beta_0 + \beta_1 * \mathrm{ROA} + \beta_2 * \mathrm{RATE} + \beta_3 * \mathrm{ROA} * \mathrm{RATE} + \beta_4 * \mathrm{SIZE} + \varepsilon \quad (4.6)$$

模型（4.6）中，COMP 表示企业的高管薪酬的被解释变量，高管薪酬的衡量方式是将上市公司年报中所披露的"金额最高的前三名高级管理人员的报酬总额"作为标准的；ROA 表示企业绩效的自变量，我们采用"企业净利润收益率"来描述这个变量；RATE 表示企业避税战略风格的自变量，我们将采用两种方式来衡量企业避税战略风格来保证实证结果的稳健性，一是 RATE=名义所得税率–实际所得税率（即实际所得税费用/应纳税所得额），二是 LRATE=（名义所得税率–实际所得税率）/（t—4 年—t 年）；SIZE 是控制变量定义为企业总资产取对数，在以往的研究中就已经证实过企业的规模对高管的薪酬影响很大，虽然高管薪酬也受到如行业、地区的影响，但是规模效应的影响还是更为明显，实证的结果往往会受很大的影响，因此，我们需要引用企业规模作为本书的控制变量。根据我们构建的模型预测相关结果，如果模型中 ROA*RATE 的回归系数显著为正，则表明企业避税战略风格与高管的薪酬业绩敏感性具有协同性，反之就会降低薪酬业绩敏感性。

理论上在以业绩作为主导的薪酬制度下高管薪酬与公司经营绩效的敏感性应该是比较显著的，但是在实务中受到诸多因素的干扰，高管薪酬的变动幅度与公司绩效的变动幅度是不对称的，即公司业绩增长与业绩下降时业绩对薪酬的影响可能存在着差异。薪酬黏性问题是大多数企业都存在的问题，现在的研究者将越来越多的关注点放在了哪些因素可以抑制或者是加重薪酬黏性的问题上来，张敏和姜付秀（2010）在研究机构投资者、企业产权与薪酬契约时，就专门研究了在民营企业中机构投资者对薪酬黏性程度具有抑制作用，这对于我们的研究有很大的启示，他们是选取机构投资者作为一个变量来研究对薪酬黏性的影响，本书是将企业避税战略风格作为一个因素来研究其对企业薪酬黏性的影响，并且借鉴其模型构建。

企业避税战略风格对高管薪酬黏性的影响模型（4.7）如下：

$$\begin{aligned}\ln(\mathrm{COMP}) = \beta_0 + \beta_1 * \mathrm{ROA} + \beta_2 * \mathrm{RATE} + \beta_3 * \mathrm{ROA} * D + \beta_4 * D \\ + \beta_5 * \mathrm{RATE} * \mathrm{ROA} * + \beta_6 * \ \mathrm{SIZE} + \varepsilon\end{aligned} \quad (4.7)$$

模型（4.7）是在模型（4.6）的基础上延伸来的，引入了哑变量的概量 D，它是描述公司业绩是否下滑的哑变量，在企业本期业绩小于上期时取 1，大于上期时取 0。另外 ROA 和 D 的交互项是 ROA*D，ROA*D 和 RATE 的交互项是 RATE*ROA*D。根据我们的假设 4.7，如果企业避税战略风格加大了高管薪酬的黏性，我们可以预测 β_5 的回归结果显著为负。

2. 变量的估计

（1）企业避税战略风格的估计。企业避税的方式众多，难以监管，同时其隐蔽性使得如何衡量企业的避税程度就变得尤为困难。

首先，我们先来了解下企业避税时具体会采用哪些方式，以便我们对企业避税有更深刻的理解，在接下来的避税程度衡量中能把握更加准确。方式一，利用税收差异来避税。我们知道国家与国家之间，地区与地区之间的税收存在差异，不同的行业存在税收差异，例如，高新技术产业、国家重点扶持的产业、需要保护的产业等，不同的企业性质、不同的行业也存在着税收的差异，因此企业可以通过自身的改变来达到减少税收负担的目的；方式二，转移定价避税。关联方企业间通过高进低出或者是低进高出来选择在税负高的环节降低表面利润达到将实际利润更多地留在企业集团内部的目的，例如，某酒类生产企业专门成立一家销售公司，将本公司生产的产品以较低的价格卖给旗下的销售公司，再让销售公司以较高的价格卖到市场上，因为酒类的消费税只在一个环节征收，所以企业为了减少税负，故意转移定价将很大一部分利润留在了销售企业，通过这样的运作方式企业在不降低真正售价的同时降低了税收负担，这样就将更多的利润留在了集团内部。方式三，资产租赁避税。在关联方企业中，效益好的企业为了减少税负调节企业应纳税所得额，就向效益差的企业高价租赁设备，让效益好的企业的应纳税所得额降低，以达到税收负担最小化的目的，关联企业之间资产相互租赁，让更多的所得额享受低税率而逃避高税率，例如，通过缴纳营业税来逃避缴纳所得税的方式等。方式四，利用税法本身存在的漏洞。利用税法中规定的可抵扣增值税的环节、消费税的各种征收差异等，税法条款本身就可能存在的不一致、不严密等问题，还有就是针对一些税收优惠政策的规定时效模糊不清等问题，造成企业从中寻找漏洞来达到避税的目的。当然，企业的避税方式还有很多，我们就不一一列举，只是通过以上几种主要的避税方式来让我们更加深刻地了解企业避税。

企业避税程度的衡量是一个比较复杂的问题，国内外的学者在这方面也都做出了很多研究，目前目前避税程度的衡量分为两种：一是企业的实际所得税率及其变体，国外的大多文献会采用企业的实际税率来直接衡量税负，如果实际税率越低就表明企业的避税程度越高，但是在国内税收优惠政策比较普遍，因此各个公司本身的实际税负基础都不尽相同，这一点对于国内企业来说不能简单地采用企业的实际税率来衡量避税程度。二是企业的会计-税收差异及其变体，国内的避税研究大多采用这种方式更加符合实际情况。

通过上面的分析和反复的斟酌，为了分析结构的稳健并且消除递延所得税带来的不利影响。我们决定在本书中采取两种方式来衡量企业避税程度，即企业避税战略风格，一是名义所得税率减去实际所得税率，陈旭东和王雪（2011）在其文中采用了同样的方法，即名义与实际税收差异=名义所得税率–实际所得税率，命名为 RATE。二是用名义所得税率与实际所得税率之差的平均值消除递延所得税的影响来衡量企业避税，即“名义所得税率与实际所得税率之差”的五年平均值（t—4 年—t 年）来衡量企业的避税程度，命名为 LRATE，我们选用平均值是为了消除递延所得税的影响，在实际的税务中企业存在税收返还、税务纠纷等问题不是短期就能很快解决的，一些问题很可能会持续好几年，所以仅仅使用当期的实际税率衡量企业避税是不恰当的。

（2）高管薪酬业绩敏感性的估计。在现代企业中由于股权分离而引发的代理问题，我们认为掌握公司控制权经理人，作为一名理性的经理人会为了个人利益最大化而牺牲公司的集体股东的利益，因此高管薪酬契约模型以代理理论为主要的理论基础，公司通过将高管的薪酬和业绩联系在一起来达到股东利益最大化的目标，从而形成最优的薪酬契约。股东的期望是通过制定较高的薪酬业绩敏感性的薪酬契约，让高管为获得更高的收入而努力地提高公司的业绩，这样不仅高管收入增加，公司股东的收益也会增加，而且也会使公司得到更好的发展。

在国内早期由于大多数上市公司是由原来的国有企业转变过来的，高管人员的薪酬是根据行政级别来划定的工资标准，在职的高管人员利用在职高消费来代替薪酬，因此高管人员的薪酬和企业业绩几乎不存在敏感性，此后，随着资本市场的改革发展，越来越多的上市企业建立了良好的高管人员薪酬契约，并将高管薪酬和企业绩效联系在一起，使得高管薪酬和企业绩效有了较高的敏感性。在本书中我们通过构建有效的模型来考察高管薪酬业绩敏感性的变化，并通过实证模型来分析。

（3）高管薪酬黏性的估计。薪酬黏性问题本书采用方军雄的研究结论，即企业业绩上升时高管薪酬增加幅度高于企业业绩下滑时高管薪酬减少幅度的现象称为高管薪酬黏性。接下来的问题是我们如何通过实证分析来观测高管薪酬黏性，而且是基于企业避税的前提下，在以往的研究中有分析机构投资者对公司薪酬黏性影响的实证研究，他们采用的是设计公司业绩是否下滑作为一个变动的哑变量放在模型中，以此来观测在企业的业绩发生变化时高管薪酬的变化水平，在本书中我们借鉴这个方式，并且把衡量避税的变量引入其中，探讨在企业避税情况下会对高管薪酬黏性产生哪些影响，是起到抑制作用还是加重影响？

3. 样本的选择

我国于 2008 年 1 月 1 日实施了企业所得税的新税法，在企业适用的税率、应纳税所得额、税收优惠等方面都作出了比较大的调整，为了避免由于税制变化带来的不可比性，以及结果的稳健性，本书采用我国 2009～2013 年的所有上市公司作为初始样本，本书所有数据取自 Wind 资讯-经济数据库。为了保证实证结果是比较准确的，我们按以下标准对数据进行筛选。

（1）剔除金融业企业的数据。金融行业的业务就有特殊性，而且其适用的会计准则与其他的行业不同，因此，我们剔除金融行业。

（2）剔除财务状况异常的 ST 上市公司数据。这些公司的财务数据往往会出现极值，导致实证分析的结果的偏差。

（3）剔除当期所得税为 0 或者为负数的公司。

（4）剔除需要财务数据缺失的公司。

经过上述标准的处理，我们最终得到 1168 家上市企业，4947 个目标观测值。

四、实证结果与分析

1. 描述性统计分析

表 4.10 是主要变量的描述性统计，我们发现两个衡量企业避税战略风格的指标 LRATE、RATE 的平均值分别为 0.105、0.073，两个指标的平均值都为正数，这表明多数的上市公司实际税率小于名义税率，在大多数的上市企业中都或多或少地采取了逃避税负的措施，在这种情况下企业避税对公司治理带来了新的挑战，有很多的问题都值得研究。

表 4.10 变量的描述性统计

变量	观测值	均值	标准差
COMP	4947	13.895	0.801
LRATE	4947	0.105	0.101
RATE	4947	0.073	0.126
ROA	4947	0.041	0.127
SIZE	4947	9.470	0.559

为了验证企业避税战略风格指标的合理性，我们先来验证两个避税指标的相关性，结果如表 4.11 所示，从中我们可以看出 LRATE 和 RATE 在 0.01 的水平上相关性显著为正，这就表明两个企业避税战略风格指标的指向是一致的，同时采用这两个指标进行实证分析可以增强结果的稳健性。

表 4.11 Pearson 检验变量相关系数矩阵

	COMP	LRATE	RATE	ROA	SIZE
COMP	1				
LRATE	−0.205**	1			
RATE	−0.147**	0.565**	1		
ROA	0.154**	−0.027	−0.057**	1	
SIZE	0.459**	−0.281**	−0.227**	0.060**	1

注：*，**，***分别表示在 10%，5%和 1%的水平上显著。

2. 实证结果与分析

（1）企业避税战略风格与高管薪酬业绩敏感性的回归分析。为了检验假设 4.1，我们对在表 4.12 给出了企业避税战略风格与高管薪酬业绩敏感性的回归结果进行分析。由表 4.12 可知，两种避税指标 ROA*RATE、ROA*LRATE 的回归结果系数分别是–9.324 和–9.034，而且是在 1%的水平显著，这就表明企业避税战略风格与高管薪酬业绩敏感性是显著负相关的，由此就验证了本书的假设 4.1 预期的企业避税战略风格越趋向于激进，高管薪酬业绩敏感性越低。企业的避税行为并没有像简单的预期那样会让高管薪酬随业绩的增加而增加，反而是让高管的薪酬和公司业绩的关联性降低了，由此我们可以发现在企业避税的情况下股东和高管之间要达成最优的薪酬契约是很困难的，避税带来的诸多不利影响都能削弱薪酬契约的有效性。高管薪酬契约有效性的降低，特别是在内部治理不够完善的公司，可能会让公司的内部控制更加混乱，在这种情况下代理问题可能就会变得更加突出，管理者侵害所有者的利益，大股东侵害小股东的利益，让公司的治理运营变得低效率，更加重公司治理的难度。避税问题使得本来就复杂的公司治理问题变得更加棘手和难以平衡。

表 4.12　企业避税战略风格与高管薪酬业绩敏感的回归结果

变量 1	系数	*t* 值	变量 2	系数	*t* 值
ROA	2.937***	(13.91)	ROA	2.711***	(12.24)
RATE	–0.104	(–1.27)	LRATE	–0.356***	(–3.35)
ROA*RATE	–9.324***	(–10.95)	ROA*LRATE	–9.034***	(–9.24)
SIZE	0.629***	(34.57)	SIZE	0.607***	(32.87)
Adj-R^2	0.246		Adj-R^2	0.246	
F	404.08***		F	402.98***	
N	4947		N	4947	

注：*，**，***分别表示在 10%，5%和 1%的水平上显著。

上述的实证结果验证了我们的假设 4.1，企业避税战略风格越趋向于激进，高管薪酬业绩敏感性越低。说明企业的避税行为会降低高管薪酬契约的有效性，就是在企业进行避税的活动时，高管薪酬和企业业绩的相关性就会减弱，究其缘由有两种可能性，一是由于高管进行的避税活动具有隐蔽性，高管可能会利于这些机会为自己谋取私利而不过多地顾及企业的利益，同时也可以用来弥补低绩效带来的薪酬降低；二是由于企业高管人员并没有将企业避税作为提高企业收益的一个手段，高管人员在衡量其对自身的利弊时也会有更多的考量，而不是单纯地就将避税来作为一种很好的提高企业绩效的方式，因为由此可能会带来的道德名誉等风险是不可预估和简单衡量的，高管作为一名需要市场的认可的高级管理人员，不仅是要在公司的发展上作出业绩，其个人的名誉声望也是十分重要的。因此，这些问题都需要更加深入的分析，它们相互影响变化复杂，不是简单的一两个因素可以解释的，可能是多种因素的相互影响，并且也会因为高管个体的管理风格不同产生不同的结果，不可能简单地来定性，需要更深入的探讨和分析。

（2）企业避税战略风格与高管薪酬黏性的回归分析。我们在表 4.13 给出了企业避税与高管薪酬黏性的回归结果。由表 4.13 可知，在避企业避税战略风格指标 RATE 与 ROA*D 的回归系数为−9.502 并且在 1%水平上显著，企业避税战略风格指标 LRATE 与 ROA*D 的回归系数为−7.934 并且在 1%水平上显著。实证结果说明企业避税战略风格越趋向于激进，高管薪酬黏性就会越重，即公司业绩下滑时高管薪酬的下降幅度小于公司业绩上升时高管薪酬的上升幅度，这表明企业的避税行为不仅没有缓解高管薪酬黏性，反而使高管薪酬黏性加重了。

表 4.13　企业避税战略风格与薪酬黏性的回归结果

变量 1	系数	*t* 值	变量 2	系数	*t* 值
ROA	0.861***	（6.52）	ROA	0.886***	（6.71）
RATE	−0.203	（−2.47）	LRATE	−0.602***	（−5.86）
ROA*D	2.293***	（6.70）	ROA*D	1.481***	（4.53）
D	−0.011	（−0.48）	D	0.024	（1.06）
ROA*RATE*D	−9.502***	（−7.93）	ROA*RATE*D	−7.934***	（−5.63）
SIZE	0.624***	（33.84）	SIZE	0.608***	（32.49）
Adj-R^2	0.239		Adj-R^2	0.239	
F	258.24***		F	258.18***	
N	4947		N	4947	

注：*，**，***分别表示在 10%，5%和 1%的水平上显著。

上述实证结果验证了我们的假设 4.2，在其他条件不变的情况下，激进的企业避税行为会加大高管薪酬的黏性。也就是说企业的避税行为会导致：在企业业绩下降时业绩的下降程度大于高管薪酬的下降程度，并加大它们之间的差距。在现代的企业制度下由于两权分离，企业的所有者通过制定有效的薪酬契约来引导管理者更多地为企业创造价值，如果说企业避税的行为虽然短暂地提高企业业绩，可是破坏了薪酬契约的有效性，长期来看可能会导致企业内部管理的混乱，使得内部控制的质量降低。

五、研究结论

在现代企业制度的不断发展中，所有者和管理者两权分离而引发的代理问题是企业在进行各项经济管理活动时都要考量的难题，两者之间有天然的利益冲突和相互制约的关系，这也是企业治理中各种难题的源泉。企业的所有者试着通过制定有效的薪酬契约来解决这个问题，使得所有者和管理者的利益在某一点达到平衡并实现双赢的局面，由此也制定了一系列激励措施。企业的避税作为一个新的视角来探寻薪酬契约有效性的问题，为我们看待这个问题提供了新的思路和方向。本书在总结了国内外有关企业避税、薪酬契约激励的基础上，分析了企业避税战略风格对高管薪酬业绩的敏感性的影响，并且进一步探讨了其对薪酬黏性的影响。本节的研究结论如下。

（1）本节采用我国上市公司 2009～2013 年的年报数据，研究了企业避税战略风格对高管薪酬业绩敏感性的影响，我们发现企业避税战略风格越趋向于激进，高管薪酬业绩的敏感性越低。由此可知企业的避税行为并没有给高管薪酬带来很有利的影响，破坏了薪酬契约，降低了高管薪酬业绩敏感性，这个结论丰富了影响高管薪酬因素的研究。

（2）在对薪酬黏性研究后发现，激进的企业避税战略风格也会加大高管的薪酬黏性。企业的避税行为带来的不利影响，使得企业业绩下降时业绩的下降程度大于高管薪酬的下降程度，并且加大它们之间的差距。本节的结论有效地补充了新近关于避税代理观的研究，也有助于我们更清楚地认识到避税的经济后果。此外，有关避税对薪酬契约和薪酬黏性的影响结果还可以在企业制定有效的薪酬契约时提供一定的实证借鉴意义。

此外，由于作者的精力和能力有限，本节的研究的问题还有许多不足：一是本节中的避税的主要研究对象只是企业所得税，并没有去收集这些企业流转税的相关数据，因此本书得出的结论有一定的片面性；二是本节对企业所得税进行研究，但是我国对待不同行业具有很多税收优惠政策，所以不同行业的避税情况是不一样的，应该分别加以分析，本书没有对此进行分类分析；三是本节没有对样本数据进行进一步的分类比较分析，例如，国有控股与非国有控股的企业在避税对于高管薪酬和薪酬黏性方面的影响是否不同，以及企业的代理程度不同是否能区分不同的影响，再者就是企业内部控制强弱的影响。在接下来的研究中，我们可以对不同的行业进行分类比较分析，可能会有新的发现，同时，如上面提到的还可以按国有企业与非国有企业、企业的代理程度不同、企业的内部控制强弱等不同的方式来分类比较分析，看它们的结论有无明显的差别，如果有差别可以进一步思考和分析差别产生的本质原因，此类问题还值得进一步的探讨来丰富对新近避税代理观的研究。

第四节　本 章 小 结

本章以企业避税的代理理论和信息不对称理论为基础，从公司投资、资本结构、现金持有和薪酬激励决策等方面考察企业避税战略风格对公司财务政策选择的影响。研究发现：①上市公司避税战略风格与资本结构负相关，即上市公司避税战略风格越趋向于激进，资本结构越低，上市公司避税与债务融资存在着替代效应。进一步研究发现，债务资本成本对企业避税与资本结构的负向关系有显著的促进作用，即随着债务资本成本的提高，企业避税与债务融资的替代效应越强；②过度激进的企业避税战略能够显著降低企业的现金持有价值，即投资者对实施过度激进避税战略的企业的现金持有赋予较低的价值评估，进一步研究显示，其作用机制在于，实施过度激进避税战略的企业更倾向于将避税所带来的现金流耗费掉，从而导致自由现金流的过度投资更为严重；③企业避税战略风格和高管业绩-薪酬敏感性显著负相关，即避税战略风格越趋向于激进，高管业绩-薪酬敏感性越低。进一步研究发现，企业避税战略风格越趋向于激进，高管的薪酬黏性越强。

本章研究的重要意义体现在如下两个方面：第一，研究企业避税战略风格对公司财务政策选择的影响，拓展了企业避税和财务管理理论研究内容。现有文献已经发现企业避税活动可以通过信息不对称和代理问题两个途径影响公司财务政策选择，但其影响的内在机理在中国上市公司中却缺乏理论分析和实证研究。本章在代理理论和信息不对称理论基础上，利用上市公司数据，建立恰当经验模型，研究企业避税战略风格对公司财务政策选择影响的内在机理以及不同企业避税战略风格对公司财务政策选择的影响是否存在差异，是对这一内容的补充。第二，本章的研究还提供政策启示：由于激进的企业避税活动降低了现金持有价值、导致企业自由现金流的过度投资更为严重、降低了高管业绩-薪酬敏感性，因此，一方面，对于税务部门来说，要改变以往对公司避税行为不加区分，都实行较为严格的税收惩罚政策的做法。税务部门应该对那些实施较为激进避税战略的公司的避税行为进行严格的监管，根据公司避税战略风格对避税活动进行分类管理。另一方面，对于企业来说，激进的企业避税活动本身隐含着严重的代理问题，企业应进一步完善公司治理，形成有效约束控股股东或管理者自利行为的治理机制，以期有效避免企业盲目卷入激进的避税战略。

第五章　研究结论、政策建议与研究展望

本章对全书进行一个总结，具体结构安排如下：首先是对全书的研究结论进行归纳和总结，其次提出本书研究的政策启示和建议，最后在分析本书研究局限性的基础上，指出今后需要进一步研究的问题。

第一节　研 究 结 论

本书以国内外企业避税研究现状和我国新兴加转轨经济的特殊治理环境为研究背景，对如下两个方面的问题进行了探讨：第一，什么因素促使公司在企业避税战略风格上趋向“激进”或“保守”？第二，企业避税战略风格（激进或保守）对公司财务政策选择有着怎样的影响？经过理论分析与实证检验，本书得到了如下几个主要结论。

第一，作为公司极为重要的战略决策的避税活动，很有可能受到产品市场竞争的影响，所以，本书从产品市场竞争强度和产品市场竞争战略两个维度，检验了产品市场竞争对企业避税战略风格的影响，探究上市公司避税战略风格形成的外在动因。研究发现：①产品市场竞争越激烈，企业避税的程度越高，企业避税战略风格越趋于激进；②与防御型竞争战略相比，采取进取型竞争战略的企业将实施更为激进的避税战略与同行业内的企业进行竞争，以获取竞争优势。

第二，在我国，上市公司的终极控制人大多采用金字塔控股方式，以便用较小的现金流权获得较大的公司控制权。这样的股权制度安排和控制权模式，客观上为大股东通过资本投资、关联交易等方式获取控制性资源，攫取控制权利益创造了条件。在这种背景下，终极控股股东是否可以通过实施激进的避税活动来获取控制权私利呢？这是一个亟需研究的问题。基于此，本书从第二类代理问题和终极控制权理论出发，对如下两个问题进行了实证检验，以探究上市公司避税战略风格形成的内在动因：①终极控股股东卷入程度、控制权与现金流权偏离程度

对上市公司选择激进或是保守的避税战略具有怎样的影响？②激进的避税战略是否为终极控股股东获取控制权私利创造了条件，从而损害了公司的业绩和降低公司的价值？检验结果表明：①终极控股股东卷入程度越低、控制权与现金流权偏离程度越高，上市公司避税战略风格越趋向于激进；②避税战略风格越趋向于激进，上市公司终极控股股东实施攫取控制权私利的掏空行为的可能性越大，这将显著损害公司的业绩和降低公司的价值。

第三，税收和代理成本被认为是影响资本结构决策非常重要的因素。这说明企业避税也可能对企业资本结构决策产生影响。基于此，本书将首先考察企业避税战略风格对资本结构决策的影响。研究结果表明，上市公司避税战略风格与资本结构负相关，即上市公司避税战略风格越趋向于激进，资本结构越低，上市公司避税与债务融资存在着替代效应。进一步研究发现，债务资本成本对企业避税与资本结构的负向关系有显著的促进作用，即随着债务资本成本的提高，企业避税与债务融资的替代效应越强。

第四，企业避税战略风格的激进或保守与现金持有具有怎样的影响？其中的作用机制是什么？基于此，本书从企业避税的代理观出发，考察激进的企业避税战略是否降低了企业现金持有价值？若是，其中可能的作用机制是什么？我们的研究表明，过度激进的企业避税战略能够显著降低企业的现金持有价值，即投资者对实施过度激进避税战略的企业的现金持有赋予较低的价值评估；进一步研究显示，其作用机制在于，实施过度激进避税战略的企业更倾向于将避税所带来的现金流耗费掉，从而导致自由现金流的过度投资更为严重。

第五，企业避税增加了公司高管的风险，从而薪酬契约不仅需要对公司高管的努力做出回报，还要为公司高管承担的风险提供补偿。从而，企业避税可能会破坏薪酬契约的有效性。而且，企业避税活动加剧企业信息的不对称，这导致在避税情境下会计信息不透明度增加。会计信息的不透明性增加了股东和监管者准确观察高管行为，评价其努力程度的难度，降低了会计业绩指标作为薪酬契约中业绩度量的质量。因此，股东在避税情境下无法与公司高管签订最优激励契约（Chen and Chu，2005），降低了薪酬契约的有效性。基于此，本书将着重从高管薪酬业绩敏感性和薪酬黏性两个角度考察企业避税战略风格对公司高管薪酬契约的影响。研究结果表明，企业避税战略风格和高管业绩-薪酬敏感性显著负相关，即避税战略风格越趋向于激进，高管业绩-薪酬敏感性越低。进一步研究发现，企业避税战略风格越趋向于激进，高管的薪酬黏性越强。

第二节　政 策 建 议

激进的企业避税活动虽然并不是违法行为，但这样的行为会导致两个方面的负面效应。一方面，激进的企业避税活动将导致我国税收大量流失，损害了国家财政收入；另一方面，激进的企业避税活动虽然增加了企业税后利润，导致部分财富从国家转移到企业中去，但是由于代理问题的存在，企业避税活动增加的税后利润大多被公司控制人用于能够使他们获得个人私利的活动中，阻碍了企业和实体经济的发展。因此，为了纠正激进的企业避税活动带来的不利后果，遏制企业避税活动是合理的，也是十分必要的。本书在对我国企业避税战略风格形成动因及其经济后果进行深入研究的基础上，结合我国企业避税现状，提出以下抑制我国企业避税的政策建议。

第一，加强公司内部治理、完善能有效制约终极控股股东通过激进避税活动获取控制权私利的公司治理机制。具体来说可以从以下几个方面入手：①优化股权结构，弱化控股股东地位。终极控股股东通过激进避税活动获取控制权私利的一个重要原因就是终极控股股东持有的股份较多，有能力控制股东大会，从而进一步控制了董事会决策和经理层的任免。因此，通过优化股权结构，引进外部机构投资者就有可能形成对终极控股股东进行制衡的机制，防止控股股东“一言堂”，以抑制控制权私人收益，减少控股股东侵害行为。②健全独立董事制度，发挥其监督控股股东，保护中小股东利益的作用。③提升监事会地位，增加中小股东在监事会中的席位。

第二，加强资本市场监管，转变监管方式。一方面，为了使资本市场的监管方式符合市场运行规律，必须将监管部门的监管行为置于社会和公众的监督之下。同时，要充分发挥中介机构，特别是会计师事务所、税务部门、证券交易所和财经媒体的专业监督功能。另一方面，对于税务部门来说，要改变以往对公司避税行为不加区分，都实行较为严格的税收惩罚政策的做法。税务部门应该对那些实施较为激进避税战略的公司的避税行为进行严格的监管，根据公司避税战略风格对避税活动进行分类管理。这是因为激进避税战略损害了公司业绩和降低了公司的价值，不利于资本市场健康的、可持续的发展，而保守的避税战略却能在一定程度上抑制大股东掏空行为，从而有助于增加公司价值和提升公司业绩。

第三节　本书研究的不足与研究展望

虽然本书以我国新兴加转轨经济的特殊治理环境作为切入点，基于企业避税代理观对企业避税战略风格形成动因及其经济后果进行了一些尝试性研究，但是，由于受篇幅、时间以及作者研究水平的限制，仍有许多问题没有展开充分的论述，有的还没有进入本书的研究视野，因而本书研究存在一定的局限性，这有待于在未来进行深化和扩展。

1. 关于企业避税战略风格形成动因的研究

尽管本书基于第二类代理问题从终极控股股东的角度对企业避税战略风格形成的内在动因进行了分析，但是，我国上市公司的股权并非都是比较集中的，还存在少数股权比较分散的公司，其避税战略风格形成的内在动因可能会有所不同。因此，在第一类代理冲突基础上探究股权比较分散的公司避税战略风格形成的内在动因，是将来研究的一个重要方向。

2. 关于企业避税战略风格经济后果的研究

对于企业避税战略风格经济后果的研究，本书虽然从资本结构选择、公司现金持有决策、投资决策与高管薪酬决策等角度对企业避税战略风格经济后果进行了研究，但本书对企业避税战略风格经济后果的研究还不够全面，还可以从以下三个方面进行拓展。

第一，企业避税战略风格对融资决策影响的研究。企业避税产生的现金节余可以看作从税务机关转移到企业的一部分现金流，它增加了企业预期的未来现金流量（Lambert et al.，2007），并且，对于那些具有良好投资机会而现金流短缺的企业来说，企业避税产生的现金节余可以被用到能给企业带来正净现值的投资项目中去，从而能进一步增加企业预期的未来现金流量。然而，新近从委托代理框架出发，研究企业避税行为的文献却发现，企业避税也并不一定会增加企业预期的未来现金流量。一方面，企业避税会引发代理问题。Desai 和 Dharmapala（2006）以及 Desai 等（2007）研究发现企业避税和掏空行为是互补的，导致管理者能够通过从事避税活动向股东寻租。如果企业避税增加了管理者对企业资产的侵占，那么将降低企业预期的未来现金流量。另一方面，企业避税会加剧企业信息的不对称。企业避税行为增加了企业信息环境的不透明度（Balakrishnan et al.，2011），损害了企业会计信息质量，从而增加了企业未来现金流的不确定性。企业避税会通过代理问题和信息不对称这两个途径，降低企业预期的未来现金流量。因此，企业避税对企业预期的未来现金流量的影响取决于上述正面效应和负面效应的强弱。而股权投资者和债权投资者如何看待企业避税行为将会对企业的融资决策（包括融资方式和融资成本）产生重要的影响。

第二，企业避税战略风格对投资决策影响的研究。尽管本书从过度投资角度就企业避税战略风格对投资决策的影响进行了研究，但并没有考虑企业避税战略风格对投资不足的影响。虽然保守的企业避税战略产生的现金节余可能较少，但保守的企业避税战略其代理问题和信息不对称问题并不突出，可能导致保守的企业避税战略的正面效应较强，而负面效应较弱，从而导致总效应是正面的。因此，对于保守的企业避税战略形式来说，它最终可能会增加企业预期的未来现金流量，缓解外部融资约束。而这对于那些具有良好投资机会而现金流短缺的融资约束企业来说，能在一定程度上满足那些净现值为正的投资项目需求，从而增加了企业投资规模，缓解了企业投资不足问题。因此，在参考现有实证研究模型基础上，未来可以在建立基本投资模型基础上，首先检验保守的企业避税战略对投资现金流敏感性的影响，然后将研究样本按融资约束程度分组，建立投资不足模型检验保守的企业避税战略对投资不足的影响。

第三，企业避税战略风格对公司业绩和资本市场反应影响的研究。首先，关于企业避税到底会改进还是损害公司业绩的不同观点，实际上源于学者对于企业避税成本和收益权衡的两种不同看法。一方面，有学者认为企业通过避税减少了税负，增加了企业未来现金流量，可以为未来的投资机会提供资金（Edwards et al.，2012）。因此，企业避税的增加将会提升公司未来的业绩。另一方面，来自会计和金融领域的研究人员认为企业避税会带来代理问题（Chen and Chu，2005），实施激进避税战略企业的代理问题将更加突出，因此会损害公司业绩。因此，考察企业避税战略风格（激进或保守）对公司未来业绩的影响将是未来需要考虑的一个问题。其次，关于西方研究企业避税文献综述表明，企业避税为管理者追求旨在掩饰负面信息和误导投资者的活动提供了机会（Desai and Dharmapala，2006）。因此，企业避税活动在相当长的时期内促进了管理层的租金抽取和囤积大量负面信息的行为。当累积的负面消息最终被市场识破时，将导致股价泡沫的破灭，使得股价大幅下跌。然而，企业避税战略风格不同，其囤积负面信息行为也有所不同，在资本市场的反应也应该有所不同。因此，进一步考察企业避税战略风格（激进或保守）对股价暴跌风险的影响，以明确企业避税的市场反应将有助于我们对企业避税战略风格经济后果的理解。

参 考 文 献

陈北国. 2016. 上市公司避税活动对投资效率影响的研究. 西安: 西安工程大学.
陈冬, 罗祎. 2015. 公司避税影响审计定价吗？经济管理, 37 (3): 98-108.
陈冬, 唐建新. 2012a. 避税寻租、税率敏感度与企业价值. 中国会计学会 2012 学术年会论文集, 昆明.
陈冬, 唐建新. 2012b. 高管薪酬、避税寻租与会计信息披露. 经济管理, 34 (5): 114-122.
陈旭东, 王雪. 2011. 税收规避提高了公司价值吗？——基于中国上市公司的实证研究. 中国会计学会 2011 学术年会论文集, 重庆.
陈志广. 2002. 高级管理人员报酬的实证研究. 当代经济科学, 9: 58-63.
方军雄. 2009. 我国上市公司高管的薪酬存在粘性吗？经济研究, (3): 110-124.
冯根福, 吴林江, 刘世彦. 2000. 我国上市公司资本结构形成的影响因素分析. 经济学家, 5: 59-66.
高文亮, 罗宏, 程培先. 2011. 管理层权力与高管薪酬粘性. 经济经纬, (6): 82-86.
谷祺, 邓德强, 路倩. 2006. 现金流权与控制权分离下的公司价值. 会计研究, (4): 30-36.
洪锡熙, 沈艺峰. 2000. 我国上市公司资本结构影响因素的实证分析. 厦门大学学报, (3): 114-120.
胡馨文. 2015. 民营上市公司控制权现金流权分离度与企业避税行为. 合肥: 安徽工业大学.
季施思. 2016. 公司避税行为对现金持有的影响. 南京: 南京大学.
蒋琰. 2009. 权益成本、债务成本与公司治理: 影响差异性研究. 管理世界, (11): 144-155.
金鑫, 雷光勇. 2011. 审计监督, 最终控制人性质与税收激进度. 审计研究, 5: 98-106.
李维安, 韩忠雪. 2013. 民营企业金字塔结构与产品市场竞争. 中国工业经济，1: 77-89.
李维安, 徐业坤. 2013. 政治身份的避税效应. 金融研究, 3: 114-129.
李增泉. 2000. 激励机制与企业绩效——一项基于上市公司的实证研究. 会计研究, (11): 24-30.
刘华, 陈银月, 祝新. 2007. 股权集中型企业所得税逃税研究. 武汉理工大学学报, (11): 140-143.
刘华, 张天敏, 何凌云. 2010. 管理者激励与企业避税. 武汉理工大学学报, 19: 168-173.
刘慧龙, 吴联生. 2010. 制度环境、所有权性质与企业实际税率. 管理世界, 4: 41-52.
刘江. 2012. 国有控股上市公司管理层股权激励与企业避税的实证研究. 武汉: 华中科技大学.
刘行, 叶康涛. 2013. 企业的避税活动会影响投资效率吗？会计研究, 6: 47-53.
刘行, 叶康涛. 2014. 金融发展、产权与企业税负. 管理世界, 3: 41-52.
刘严伟. 2015. 企业的避税活动一定会引致非效率投资吗? 呼和浩特: 内蒙古大学.

卢锐, 柳建华, 许宁. 2011. 内部控制、产权与高管薪酬业绩敏感性. 管理世界, 10: 42-48.
陆正飞, 辛宇. 1998. 上市公司资本结构主要影响因素之实证研究. 会计研究, (8): 34-37.
吕伟, 陈丽花, 隋鑫. 2011. 避税行为干扰了市场对信息的理解吗. 山西财经大学学报, 33 (10): 13-20.
罗党论, 魏翥. 2012. 政治关联与民营企业避税行为研究——来自中国上市公司的经验证据. 南方经济, 11: 29-38.
罗琦, 秦国楼. 2009. 投资者保护与公司现金持有. 金融研究, 10: 162-178.
彭效冉, 许浩然. 2016. 产品市场势力对公司避税行为的影响. 山西财经大学学报, 11: 70-80.
戚晓丽. 2015. 审计师行业专长与企业避税关系的研究. 杭州: 浙江财经大学.
沈根祥, 朱平芳. 1999. 上市公司资本结构决定因素实证分析. 数量经济技术经济研究, (5): 54-57.
宋佩君. 2009. 上市公司股权激励对避税行为选择影响的实证研究. 武汉: 华中科技大学.
苏坤, 杨淑娥. 2009. 现金流权、控制权与资本结构决策. 预测, (6): 18-23.
苏珊珊. 2012. 股权结构、市场化进程与上市公司所得税避税行为的实证分析. 乌鲁木齐: 新疆财经大学.
孙刚. 2013. 税务稽查、公司避税与债务融资成本. 山西财经大学学报, 35 (3): 78-89.
孙刚, 陶李, 沈纯. 2013. 企业避税与股价异动风险的相关性研究. 现代财经, 2: 53-64.
唐跃军, 谢仍明. 2006. 大股东制衡机制与现金股利的隧道效应——来自 1999—2003 年中国上市公司的证据. 南开经济研究, 1: 60-78.
童锦治, 黄克珑, 林迪珊. 2015. 企业避税、融资成本与资金配置效率——基于我国上市公司数据的检验. 中南财经政法大学学报, 6: 74-81.
汪丽莎. 2014. 上市公司管理层激励对避税活动的影响研究. 杭州: 杭州电子科技大学.
王克敏, 王志超. 2007. 高管控制权、报酬与盈余管理——基于中国上市公司的实证研究. 管理世界, (7): 111-119.
王写写. 2015. 避税行为对企业债务融资的影响研究. 杭州: 浙江工商大学.
王跃堂, 王亮亮, 贡彩萍. 2009. 所得税改革, 盈余管理及其经济后果经济研究, 3: 86-98.
魏春燕. 2014. 审计师行业专长与客户的避税程度. 审计研究, 2: 74-83.
魏刚. 2000. 高级管理层激励与上市公司经营绩效. 经济研究, 3: 32-39.
吴金. 2012. 我国上市公司高管激励对避税行为的影响研究. 武汉: 华中科技大学.
吴联生. 2009. 国有股权、税收优惠与公司税负. 经济研究, 10: 109-119.
肖作平. 2003. 资本结构影响因素: 理论和证据. 证券市场导报, 6: 58-63.
徐冠楠. 2014. 管理层股权激励与企业避税关系的研究. 厦门: 厦门大学.
许永斌, 彭白颖. 2007. 控制权、现金流权与公司业绩. 商业经济与管理, 4: 74-79.
叶康涛, 刘行. 2014. 公司避税活动与内部代理成本. 金融研究, 9: 158-176.
张菊. 2013. 机构投资者持股与企业避税. 广州: 暨南大学.

张玲, 朱婷婷. 2015. 税收征管、企业避税与企业投资效率. 审计与经济研究, 2: 83-92.

张敏, 姜付秀. 2010. 机构投资者、企业产权与薪酬契约. 世界经济, (8): 43-58.

张天敏. 2012. 管理者与企业避税行为研究. 武汉: 华中科技大学.

郑红霞, 韩梅芳. 2008. 基于不同股权结构的上市公司税收筹划行为研究——来自中国国有上市公司和民营上市公司的经验证据. 中国软科学, 9: 122-131.

Armstrong C S, Blouin J L, Jagolinzer A D, et al. 2013. Corporate Governance, Incentives, and Tax Avoidance. Working Paper.

Armstrong C S, Blouin J L, Larcker D F. 2010. The Incentives for Tax Planning. Working Paper, Stanford University and University of Pennsylvania.

Ayers B C, Laplante S, Mcguire S. 2010. Credit ratings and taxes: The effect of book-tax differences on rating changes. Contemporary Accounting Research, 27 (2): 359-402.

Balakrishnan K, Blouin J, Guay W. 2011. Does Tax Aggressiveness Reduce Financial Reporting Transparency? Unpublished Working Paper, University of Pennsylvania.

Barclay M J, Holderness C G. 1989. Private benefits from control of public corporations. Journal of Financial Economics, 25(2): 371-395.

Bartelsman E J, Beetsma M W J. 2003. Why pay more? Corporate tax avoidance through transfer pricing in OECD countries. Journal of Public Economics, 87(9): 2225-2252.

Bebchuk L, Fried J, Walker D. 2002. Managerial power and rent extraction in the design of executive compensation. The University of Chicago Law Review, 69 (3): 751-846.

Bentley K A. 2013. Antecedents to Financial Statement Misreporting: The Influence of Organizational Business Strategy, Ethical Culture and Climate. University of New South Wales Working Paper.

Bradley B, Shevlin T, Wilson R. 2012. Tax avoidance, large positive temporary book-tax differences, and earnings persistence. The Accounting Review, 87 (1): 91-120.

Bryan C, Pratt J, Stock T. 1996. The use of financial accounting choice to support aggressive tax positions: Public and private firms. Journal of Accounting Research, 34 (1): 23-43.

Burrough B，Helyar J. 1990. Barbarians at the Gate: The Fall of RJR Nabisco. San Francisco: Harper & Row.

Cai H, Liu Q. 2009. Competition and corporate tax avoidance: Evidence from chinese industrial firms. Economic Journal, 119 (537): 764-795.

Chan K, Mo P, Zhou Y. 2013. Government ownership, corporate governance and tax aggressiveness: Evidence from China. Accounting and Finance, 53 (4): 1029-1051.

Chen F, Hope O K, Li Q Y, et al. 2011. Financial reporting quality and investment efficiency of private firms in emerging markets. The Accounting Review, 86 (4): 1255-1288.

Chen K, Chu C. 2005. Internal control versus external manipulation: A model of corporate income tax evasion. The RAND Journal of Economics, 36 (1): 151-164.

Chen S, Chen X, Cheng Q. 2010. Are family firms more tax aggressive than non-family firms? Journal of Financial Economics, 95 (1): 41-61.

Chen Y, Huang S, Pereira R, et al. 2009. Corporate Tax Avoidance and Firm Opacity, Working Paper, Florida International University.

Cheng Q, Warfield T. 2005. Equity incentives and earnings management. The Accounting Review, 80: 441-476.

Chyz J A, Leung W S C, Li O Z, et al. 2013. Labor unions and tax aggressiveness. Journal of Financial Economics, 108 (3): 675-698.

Claessens S, Djankov S, Fan P H, et al. 2002. Disentangling the incentive and entrenchment effects of large shareholdings. Journal of Finance, 57 (6): 2741-2771.

Clausing K A. 2003. Tax-motivated transfer pricing and US intrafirm trade prices. Journal of Public Economics, 87: 2207-2223.

Cools M, Emmanuel C, Jorissen A. 2008. Management control in the transfer pricing tax compliant multinational enterprise. Accounting, Organizations and Society, 33 (6): 603-628.

Crabtree A, Maher J. 2009. The influence of differences in taxable income and book income on the bond credit market. The Journal of the American Taxation Association, 31: 75-99.

Crocker K, Slemrod J. 2005. Corporate tax evasion with agency costs. Journal of Public Economics, 89 (9/10): 1593-1610.

De Angelo H, Masulis R. 1980. Optimal capital structure under corporate and personal taxation. Journal of Financial Economics, 8(1): 3-29.

Demsetz H, Lehn K. 1985. The structure of corporate ownership: Causes and consequences. Journal of Political Economy, 93(6): 1155-1177.

Desai M A. 2003. The Divergence Between Book and Tax Income. Tax Policy and the Economy, 17. Cambridge: MIT Press: 169-206.

Desai M A, Dharmapala D. 2006. Corporate tax avoidance and high-powered incentives. Journal of Financial Economics, 79: 145-179.

Desai M A, Dharmapala D. 2009. Corporate tax avoidance and firm value. Review of Economics and Statistics, 91 (3): 537-546.

Desai M A, Dyck A, Zingales L. 2004. Corporate Governance and Taxation. SSRN Working Paper.

Desai M A, Dyck A, Zingales L. 2007. Theft and taxes. Journal of Financial Economics, 84 (3): 591-623.

Dhaliwal D, Huang S, Moser W, et al. 2011. Corporate Tax Avoidance and the Level and Valuation of Firm Cash Holdings. Working Paper, University of Arizona.

Dhaliwal D, Trezevant R, Wang S. 1992. Taxes, investment-related tax shields and capital structure.

Journal of the American Taxation Association, 14: 1-21.

Dittmar A, Mahrt-Smith J. 2007. Corporate governance and the value of cash holdings. Journal of Financial Economics, 83: 599-634.

Donohoe M P, Kenchel W R. 2012. Does Corporate Tax Aggressiveness Influence Audit Pricing? SSRN Working Paper.

Dyreng S, Hanlon M, Maydew E. 2008. Long-run corporate tax avoidance. The Accounting Review, 83 (1): 61-82.

Dyreng S, Hanlon M, Maydew E. 2010. The effects of executives on corporate tax avoidance. The Accounting Review, 85 (4): 1163-1189.

Edwards A, Schwab C, Shevlin T. 2012. Financial Constraints and the Incentive for Tax Planning. University of California-Irvine, Working Paper.

Fama E F, Jensen M C. 1983. Separation of ownership and control. Journal of Law and Economics, 26(2): 301-325.

Frank L, Lynch L, Rego S. 2009. Tax reporting aggressiveness and its relation to aggressive financial reporting. The Accounting Review, 84(2): 467-496.

Freise A, Link S, Mayer S. 2008. Taxation and Corporate Governance—the State of the Art Tax and Corporate Governance. Berlin: Springer-Verlag, 357-425.

Goerke L, Runkel M, 2007. Tax Evasion and Competition. Working Paper.

Goh B, Lee J, Lim C, et al. 2013a. The Effect of Corporate Tax Avoidance on Cost of Equity. Working Paper, Singapore Management University.

Goh B, Lim C, Shevlin T, et al. 2013b. Tax Aggressiveness and Auditor Resignation. Working Paper, SSRN.

Graham J, Tucker A. 2006. Tax shelters and corporate debt policy. Journal of Financial Economics, 81: 563-594.

Grossman S J, Hart O. 1982. Corporate financial structure and managerial incentives. Social Science Electronic Publishing: 107-140.

Gupta S, Newberry K. 1997. Determinants of the variability in corporate effective tax rates: Evidence longitudinal study. Journal of Accounting and Public Policy, 16 (1): 1-34.

Gupta S, Swenson C W. 2003. Rent seeking by agents of the firm. Journal of Law and Economics, 46(1): 253-268.

Hall B J, Liebman J B. 1998. Are CEOS Really Paid Like Bureaucrats? Quarterly Journal of Economics, 113 (3): 653-691.

Hanlon M. 2005. The persistence and pricing of earnings, accruals, and cash flows when firms have large book-tax differences. The Accounting Review, 80 (1): 137-166.

Hanlon M, Heitzman S. 2010. A review of tax research. Journal of Accounting and Economics,

50 (2/3): 127-178.

Hanlon M, Hoopes J, Shroff N. 2012. The Effect of Tax Authority Monitoring and Enforcement on Financial Reporting Quality. Working Paper, MIT.

Hanlon M, Mills L, Slemrod J. 2007. An Empirical Examination of Corporate Tax Noncompliance. Taxing Corporate Income in the 21st Century. New York: Cambridge University Press: 171-210.

Hanlon M, Slemrod J. 2009. What does tax aggressiveness signal? Evidence from stock price reactions to news about tax shelter involvement. Journal of Public Economics, 93(1/2): 126-141.

Harrington C, Smith W. 2012. Tax avoidance and corporate capital structure. Journal of Finance and Accountancy, 11 (10): 1948-3015.

Harris M, Raviv A. 1988. Corporate control contests and capital structure. Journal of Financial Economics, 20: 55-86.

Harris M, Raviv A. 1991. The theory of capital structure. Journal of Finance, 46: 297-355.

Hasan I, Hoi C K, Wu Q, et al. 2014. Beauty is in the eye of the beholder: The effect of corporate tax avoidance on the cost of bank loans. Journal of Financial Economics, 113(1): 109-130.

Hoi C, Wu Q, Zhang H. 2013. Corporate Social Responsibility Associated with Tax avoidance? Evidengce from Irresponsible CSR Activities. Saunders College of Business, Working Paper.

Hope O, Ma M, Thomas W. 2013. Tax avoidance and geographic earnings disclosure. Journal of Accounting and Economics, 2: 170-189.

Huseynov F, Klamm B K. 2012. Tax avoidance, tax management and corporate social responsibility. Journal of Corporate Finance, 18: 804-827.

Hutchens M, Rego S. 2012. Tax Risk and Cost of Equity Capital. Working Paper, Indiana University.

Ittner C D, Larker D F, Rajan M V. 1997. The use of performance measures in annual bonus contracts. The Accounting Review, 72 (2): 231-255.

Jackson S, Lopez T, Reitenga A. 2008. Accounting fundamental and CEO bonus compensation. Journal of Accounting and Public Policy, 27(5): 374-393.

Jacob J. 1996. Taxes and transfer pricing: Income shifting and the volume of intrafirm transfers. Journal of Accounting Research, 34 (2): 301-312.

Jennings R, Simko P J, Thompson R. 1996. Dose LIFO inventory accounting improve the income statement at the expense of the balance sheet? Journal of Accounting Research, 29 (2): 192-238.

Jensen M C. 1986. Agency of free cash flow, corporate finance, and takeovers. American Economic Review, 76: 659-665.

Jensen M C, Murphy K. 1990. Performance pay and top-management incentives. Journal of Political Economy, 98 (2): 225-264.

Jensen M, Meckling W. 1976. Theory of the firm: Managerial behavior, agency costs, and ownership structure. Journal of Financial Economics, (3): 305-360.

Khurana I K, Moser W J. 2013. Institutional shareholders' investment horizons and tax avoidance. Journal of the American Taxation Association, 35 (1): 111-134.

Kim C, Zhang L. 2013. Corporate Political Connections and Tax Aggressiveness. Working Paper.

Kim J B, Li O, Li Y. 2010. Corporate Tax Avoidance and Bank Loan Contracting. Working Paper, University of Arizona.

Kim J B, Li Y, Zhang L. 2011. Corporate tax avoidance and stock price crash risk: Firm-level analysis. Journal of Financial Economics, 100 (3): 639-662.

Kreutzer D, Lee D R. 1986. On taxation and understated monopoly profits. National Tax Journal, 39 (2): 241-243.

La Porta R, Lopez-de-Silanes F, Shleifer A, et al. 1999. The quality of government. Journal of Law, Economies and Organization, 15 (1): 222-279.

Lambert R, Leuz C, Verrecchia R E. 2007. Accounting information, disclosure, and the cost of capital. Journal of Accounting Research, 45 (2): 385-420.

Lanis R, Richardson G. 2011. The effect of board of director composition on corporate tax aggressiveness. Journal of Accounting and Public Policy, 30 (1): 50-70.

Lennox C, Lisowsky P, Pittman J. 2012. Tax Aggressiveness and Accounting Fraud. Journal of Accounting Research. Working Paper.

Leone A, Wu J, Zimmerman J. 2006. Asymmetric sensitivity of CEO cash compensation to stock returns. Journal of Accounting and Economics, 42(1): 167-192.

Lim Y. 2011. Tax avoidance, cost of debt and shareholder activism: Evidence from Korea. Journal of Banking & Finance, 35(2): 456-470.

Lin S, Tong N Q, Tucker A L. 2014. Corporate tax aggression and debt. Journal of Banking & Finance, 40(1): 227-241.

Lisowsky P. 2010. Seeking shelter: Empirically modeling tax shelters using financial statement information. The Accounting Review, 85: 1693-1720.

Lisowsky P A, Mescall D, Novack G, et al. 2010. The Importance of Tax Aggressiveness to Corporate Borrowing Costs. Working Paper.

Lisowsky P, Robinson L, Schmidt A. 2012. Do publicly disclosed tax reserves tell us about privately disclosed tax shelter activity? Journal of Accounting Research, 51 (3): 583-629.

Manzon G, Plesko G. 2002. The relation between financial and tax reporting measures of income. Tax Law Review, 55 (1): 175-214.

Marelli M. 1984. On indirect tax evasion. Journal of Public Economics, 25 (1/2): 181-196.

Maury B. 2006. Family ownership and firm performance: Evidence from Western European Corporations. Journal of Corporate Finance, 12 (2): 321-341.

Mayers S C. 1984. The capital structure puzzle. Journal of Finance, 39 (3): 575-592.

Mcguire S T, Omer T C, Wang D. 2012. Tax avoidance: Does tax-specific industry expertise make a difference? The Accounting Review, 87 (3): 975-1003.

Mcguire S, Wang D, Wilson R. 2010. Dual Class Ownership and Tax Avoidance. Texas A&M University, Working Paper.

Mehran H. 1995. Excutive compensation structure, ownership, and firm performance. Journal of Financial Economics, 38 (2): 163-184.

Miles R E, Snow C C. 1978. Organizational Strategy, Structure and Process. New York: McGraw-Hill.

Miles R E, Snow C C, Ketchen J D J. 2003. An interview with Raymond E. Miles and Charles C. Snow. The Academy of Management Executive, 17 (4): 97-104.

Mills L F, Newberry K J. 2001. The influence of tax and nontax costs on book-tax reporting differences: Public and private firms. The Journal of the American Taxation Association, 23: 1-19.

Modigliani F M, Miller M H. 1958. The cost of capital, corporation finance and the theory of investment. The American Economic Review, 48 (3): 261-275.

Moore J A. 2012. Empirical evidence on the impact of external monitoring on book-tax differ-ences. Advances in Accounting, Incorporating Advances in International Accounting, 28: 254-269.

Myers S C, Rajan R. 1998. The Paradox of Liquidity. Quarterly Journal of Economics, 113: 733-771.

Opler T, Pinkowitz L, Stulz R, et al. 1999. The determinants and implications of corporate cash holdings. Journal of Financial Economics, 52: 3-46.

Pagano M, Roel A. 1998. The choice of stock ownership structure: Agency costs, monitoring, and the decision to go public. Quarterly Journal of Economics, 113: 187-226.

Phillips J. 2003. Corporate tax-planning effectiveness: The role of compensation-based incentives. The Accounting Review, 78 (3): 847-874.

Pincus M. 1997. Stock price effects of the allowance of LIFO for tax purposes. Journal of Accounting and Economics, 23 (3): 283-308.

Pitman J, Fortin S. 2004. Auditor choice and the cost of debt capital for newly public firms. Journal of Accounting and Economics, 37: 113-136.

Porcano T. 1986. Corporate tax rates: Progressive, proportional or regressive. The Journal of the American Taxation Association, 7 (2): 17-31.

Rajan R G, Winton A. 1995. Covenants and Collateral as Incentives to Monitor. Working Paper.

Rego S O. 2003. Tax-avoidance activities of U.S. multinational corporations. Contemporary Accounting Research, 20 (4): 805-833.

Rego S, Wilson R. 2008. Executive Compensation, Tax Reporting Aggressiveness, and Future Firm Performance. Working Paper, University of Iowa.

Richardson G, Lanis R, Leung S C M. 2014. Corporate tax aggressiveness, outside directors, and debt policy: An empirical analysis. Journal of Corporate Finance, 25: 107-121.

Richardson G, Taylor G, Lanis R. 2013. The impact of board of director oversight characteristics on corporate tax aggressiveness: An empirical analysis. Journal of Accounting and Public Policy, 32: 68-88.

Richardson S. 2006. Overinvestment of free cash flow. Review of Accounting Studies, 11: 159-189.

Schallheim J, Wells K. 2004. Debt and Taxs: A New Measure of Non-Debt Tax Shields. Working Paper.

Scholes M, Wolfson M, Erikson M, et al. 2008. Taxes and Business Strategy: A Planning Approach. 4th ed. Upper Saddle River: Pearson Prentice Hall.

Shevlin T, Urcan O, Vasvari F. 2013. Corporate Tax Avoidance and Public Debt Cost. Working Paper, Singapore Management University.

Shleifer A, Vishny R. 1986. Large shareholders and corporate control. Journal of Political Economy, 94 (3): 461-488.

Shleifer A, Vishny R. 1997. A survey of corporate governance. The Journal of Finance, 52 (2): 737-783.

Sikka P. 2010. Smoke and mirrors: Corporate social responsibility and tax avoidance. Accounting Forum, 34: 153-168.

Sikka P, Hampton M P. 2005. The role of accountancy firms in tax avoidance: Some evidence and issues. Accounting Forum, 29: 325-343.

Sikka P, Willmott H. 2010. The dark side of transfer pricing: Its role in tax avoidance and wealth retentiveness. Critical Perspectives in Accounting, 21 (4): 342-356.

Slemrod J. 2004. The economics of corporate tax selfishness. National Tax Journal, 57 (4): 877-899.

Steijvers T, Niskanen M. 2011. Tax Aggressive Behaviour in Private Family Firms—The Effect of the CEO and Board of Directors. Working Paper.

Stulz R. 1988. Managerial control of voting rights. Journal of Financial Economics, 20: 25-54.

Villalonga B, Amit R. 2006. How do family ownership, control and management affect firm value? Jouranla of Financial Economics, 80(2): 385-417.

Wang K, Xiao X. 2011. Controlling shareholder's tunneling and executive compensation: Evidence from China. Journal of Accounting and Public Policy, 30: 89-110.

William J M, Inder K K, Raman K K. 2010. Does Non-Conforming Tax Avoidance Affect Investment Decisions? Working Paper.

Wilson R. 2009. An examination of corporate tax shelter participants. The Accounting Review, 84: 969-999.

Yeh Y H, Woidtke T. 2005. Commitment or entrenchment? Controlling shareholders and board composition. Journal of Banking and Finance, 29 (7): 1857-1885.

Zimmerman J. 1983. Taxes and firm size. Journal of Accounting and Economics, 5 (1): 119-149.